안면도에
역사를 묻다

안면도에 역사를 묻다

1판1쇄   2020년 06월 01일

지 은 이   김월배, 문영숙
펴 낸 이   김형근
펴 낸 곳   서울셀렉션㈜
편   집   지태진
디 자 인   이찬미, 권서영

등   록   2003년 1월 28일(제1-3169호)
주   소   서울시 종로구 삼청로 6 출판문화회관 지하 1층 (우03062)
편 집 부   전화 02-734-9567 팩스 02-734-9562
영 업 부   전화 02-734-9565 팩스 02-734-9563
홈페이지   www.seoulselection.com

ISBN   979-11-89809-26-3   03910

안면도에
역사를 묻다

김월배 · 문영숙 지음

서울셀렉션

내 사랑 안면도

우리는 역사를 통해 과거와 미래,
현재의 나를 만난다.
내 고향 안면도에 서린 기억을 찾아내고,
과거의 기억을 현재에 투영하고,
그리고 그러한 작업이 평화와 행복이 넘치는
안면도의 미래를 여는 데 도움이 되기를 기원하며
이 책을 쓴다.

추천의 글

내 고향 안면도가 이제 역사의 기억에서 깨어나 세상에 알려집니다. 역사를 돌아보고 안면도의 새로운 미래를 설계한《안면도에 역사를 묻다》발간을 축하합니다.

- 프로듀서 김동국

최재형기념사업회를 이끌고 있는 문영숙 이사장과 학술위원 김월배 교수의 신간《안면도에 역사를 묻다》출간을 축하합니다. '편안한 섬' 안면도에 숨어 있는 질곡의 역사를 알고 나니 안면도가 더 아름답게 느껴집니다.

- (사)독립운동가최재형기념사업회 전 이사장 김수필

안면도의 자연유산과 그 이면에 숨어 있는 일제강점기의 슬픈 역사를 재조명하여 우리가 지향해야 할 새로운 역사관을 제시합니다. 역사를 제대로 이해하고픈 사람들에게 꼭 필요한 책입니다.

- 한국철도공사 남북대륙사업처장 김원웅

수많은 예술인이 찾아가는 아름다운 천혜의 섬, 안면도!《안면도에 역사를 묻다》발간을 축하합니다.

- 가수 겸 배우 김정민

국민들이 즐거운 마음으로 찾을 수 있는 관광지 안면도, 국민들이 안심하고 먹을 수 있는 먹거리 생산지 안면도, 국민들이 편안히 쉬었다 갈 수 있는 최적의 힐링 장소 안면도……. 안면도의 다양한 면모를 소개하는 책이 출간되어 반갑기 그지없습니다.

– 충청남도 자원봉사센터장 박성순

　러시아 독립운동의 대부 최재형 선생을 알리는 문영숙 작가님, 안중근 의사를 누구보다 열렬히 사랑해온 김월배 교수님, 방송에서 독보적인 존재감을 드러내던 두 분의 뜨거운 열정과 끈질긴 탐구 정신이 다시 한 번 빛을 발했습니다. 안면도에 대한 폭넓은 지식과 따뜻한 애정이 버무려진 《안면도에 역사를 묻다》에서 고향 안면도가 더없이 사랑스럽고, 애달프고, 그리운 공간으로 되살아납니다.

– 방송작가 박채정

　안중근 할아버지를 사랑하는 대표적인 두 분, 김월배 교수님과 문영숙 작가님의 고향 사랑이 듬뿍 담긴 《안면도에 역사를 묻다》 출간을 진심으로 축하합니다.

– 안중근 의사 유족 대표 안기영

내 고향 서해안 내포에서 가장 크고 아름다운 보물섬, 안면도의 역사를 캐내어 후세에게 자긍심을 심어주는 책이 출간되어 기쁩니다. 안면도 곳곳에 숨어 있는 수많은 사연들을 빨리 만나고 싶습니다.

- 팔봉초등학교 37회동창회장 안준순

아끼는 고향 후배 문인 문영숙 작가와 안면도 출신 안중근의사기념관 연구위원 김월배 교수님이 내가 태어난 안면도의 역사와 아름다움을 세상에 선보였습니다. 안면도는 갖가지 사연을 품은 보물섬입니다. 이 책을 통해 내 고향 안면도가 더 많은 사람들에게 사랑받기를 기원합니다.

- '봉천동 슈바이처', 의학박사 윤주홍

고난의 파도를 헤쳐온 사람은 향기가 납니다. 끊임없는 스토리텔링으로 귀한 이야기를 캐내는 문영숙 작가님이 김월배 교수님과 함께 태안의 보물창고 안면도로 초대합니다. 역사와 문화와 풍류의 섬 안면도의 향기가 독자를 부릅니다.

- 태안 이치과원장 이인행

안면도는 내가 결코 잊을 수 없는 친구이자 동지인 채광석의 고향입니다. 안

안면도에 역사를 묻다

면도와 한국 사회 발전에 큰 역할을 한 큰 인물, 채광석 시인이 못다 이룬 꿈을 그의 후배 김월배 교수가 이루어주길 기대합니다. 안면도 사랑이 넘치는 이 책이 그 첫걸음이 되리라 믿어 의심치 않습니다.

- 전 보건복지부장관, 매헌윤봉길월진회장 이태복

독립운동가 연구자이자 경제사 연구자인 김월배 교수가 고향 안면도에 깃든 일제의 상흔을 재조명하고 일제의 만행을 기록했습니다. 안면도와 우리 산하에 깃든 일제의 만행을 밝히고 일본에 그 책임을 묻는 일은 안면도와 나라의 품격을 높이는 일입니다. 김월배 교수의 소중한 연구 성과가 담긴 이 책이 널리 읽히길 바랍니다.

- 건국대학교 경제학과 교수 최배근

《안면도에 역사를 묻다》에는 충청도 인심을 닮은 산과 바다, 안면송, 천혜의 백사장, 생명의 보고 갯벌, 환상의 낙조 등 아름다운 자연이 가득합니다. 그 황홀하고 찬란한 아름다움 뒤에 숨은 역사는 덤입니다. 안면도의 또 다른 얼굴을 파헤친 문영숙 작가와 김월배 교수님께 감사드립니다.

- 전 서산교육장 황연종

* 추천의 글은 가나다순으로 배열했음을 밝힙니다.

저자의 말

  기록은 미래 가치를 부여하는 일이다.

  이 책에서는 안면도를 널리 소개할 뿐만 아니라 안면도에 깃든 역사를 기록하여 후세에 자세히 밝혀두고자 했다. 그래서 다양한 사료를 첨부해 객관성을 확보했다. 시간과 공간을 뛰어넘는 생명력을 가진 안면도의 이야기들, 일제의 이기심과 탐욕 때문에 파괴된 소나무 이야기, 가난한 삶 속에서 피어난 사랑 이야기, 가치 있는 삶을 위해서 노력하는 사람들의 이야기, 조국의 독립을 쟁취하고 평화를 지키려 한 사람들의 이야기, 안면도의 다채로운 모습과 안면인의 다양한 삶을 담으려고 노력했다.

  역사는 기록하는 자만이 기억한다. 그리고 기억하는 자만이 불행한 역사가 재현되지 않도록 할 수 있다. 식민지 수탈을 바탕으로 부를 축적한 아소 가문은 현재 일본의 망언 제조기인 아소 다로 부총리를 배출했다. 과거의 망령에서 벗어나지 못한 다로는 아직까지도 과거의 진실을 부정하고 있다.

  안면도는 노천 박물관이다. 소나무에 새겨진 상처, 그 상처를 기억하고 역사적 진실을 밝혀 안면인의 자존심을 회복해야 한다. 그래서 이 책에는 삼별초 항쟁, 안면도의 상징 연육교 판목, 세곡선과 쌀썩은여, 청일전쟁, 안면송의 수난사, 독립운동, 강제징용, 안면도 방사능폐기물 저항투쟁 등등 과거와 근대, 가까운 현대까지 안면도에 깃든 역사를 모두 담았다.

안면도의 한자 안면(安眠)은 '편안한 잠'이라는 뜻을 담고 있다. 또한 면(眠) 자는 '무성하다'는 뜻도 있다. 나는 안면도에서 나고 자란 사람으로 안면도에 얼룩진 일본의 잔재를 세상에 알리고 온전히 제거하여 내 고향 안면도가 문자 그대로 편안한 삶의 터전이 되었으면 하는 바람으로 이 책을 썼다. 아울러 안면도에 무성한 소나무에 얽힌 역사도 파헤쳤다.

안면도에서 나고 자란 고향 지킴이를 자처하는 나의 글들이 안면도 구석구석에 새겨진 상처를 어루만지고 묻힌 역사를 되살려 안면도를 새롭게 조명할 수 있기를 바란다.

이 책을 펴내기까지 수많은 사람의 노력과 수고가 있었다. 중학교 동창이자 안면읍사무소 김진수 주무관, 국가관이 투철한 참군인으로 청춘을 바친 윤규영, 초중학교 동창으로 대전시청에 있는 박익규, 영화감독 김동국, 오랫동안 삶을 공유해온 소중한 성기헌, 전보경, 오선녀 학형들에게 많은 도움을 받았다. 또한 안면도에서 친절한 길잡이를 해준 박수환 선생에게도 지면으로 감사를 드린다.

　무엇보다도 나와 함께 《사건과 인물로 본 임시정부 100년》에 이어 두 번째 책의 공저자로 바쁜 중에도 시간을 내어 안면도를 답사하고 아름다운 감성과 어휘로 독자들이 이 책을 쉽게 이해할 수 있도록 해준 문영숙 작가와 함께 작업을 할 수 있어서 행복했다. 이 책이 안면도의 참모습과 가치, 안면도에 깃든 역사를 이해하는 데 도움이 되었으면 좋겠다.

2020년 6월 5일

안면초등학교 개교 100주년에 김월배

김월배 교수와 함께 책을 쓴 것이 두 번째다. 작년에는 대한민국임시정부수립 100주년에 맞춰 《사건과 인물로 본 임시정부 100년》을 펴냈고, 이번에는 안면도의 역사를 함께 답사하고 책을 썼다.

김월배 교수는 안면도가 고향이고 나는 안면도에서 가까운 팔봉면 어송리가 고향이다. 행정단위가 다를 뿐 서산과 태안의 해안 마을에서 어린 시절을 보낸 우리는 많은 추억과 정서를 공유하고 있어서 안면도의 이야기들을 펼치는 동안 고향에 온 듯 포근하고 흥미로웠다. 다양한 역사를 품고 있는 안면도의 과거와 현재가 이 책을 쓰는 동안 나를 행복하게 해주었다.

김월배 교수와 나는 안중근 의사와의 인연으로 중국 뤼순에서 만났다. 나는 안중근 홍보대사이고 김 교수는 안중근의사기념관 연구위원이다. 또한 나는 독립운동가최재형기념사업회 이사장이고 김 교수는 우리 사업회 학술위원이다. 우리는 독립운동가를 함께 기리고 선양하는 같은 길을 가고 있다. 그 길 위에서 이번에 《안면도에 역사를 묻다》를 펴내게 되어 기쁘다.

2020년 6월 5일
문영숙

차례

7 안면도 10미

1. 내가 뽑은 안면도 12절경

안면도로
가는 길

안면도는 천혜의 아름다움을 모두 갖춘 보고이자 아픈 역사가 곳곳에 서린 역사박물관이다. 서울에서 불과 두세 시간이면 닿는 안면도는 가족 여행지로도 으뜸인 곳이다.

서울에서든 남녘에서든 서해안고속도로를 달려 홍성 IC에서 서산 A·B지구 방조제로 진입하는 순간부터 가슴이 확 트인다. 안면도로 들어서는 이곳부터 서해의 수평선과 서산 간척지 A·B지구의 지평선이 양쪽으로 끝없이 펼쳐진다.

서산 A·B지구 방조제는 15년 3개월에 걸친 대공사 끝에 1995년 8월 14일 준공되었다. 최종 물막이 공사는 이른바 '정주영 공법'으로 불리는 VLCC 공법(방조제 사이를 유조선으로 막은 상태에서 유조선 탱크에 바닷물을 넣고 바닥에 가라앉히는 방법)으로 성공시켰다.

이 방조제가 완공된 덕분에 99제곱킬로미터가 넘는 농경지가 생겼고, 현재는 대규모 기계화 영농 단지로 변한 이곳에 헬리콥터로 씨를 뿌리고 기계로 벼농사를 짓는다. 이곳은 대대적인 기계영농으로 사람의 출입이 적어 겨울 철새들이 연출하는 장관을 볼 수 있다. 관광객이

안면도에 역사를 묻다

태조 이성계의 스승인 무학대사가 창건한 간월암(출처 : 위키미디어)

라면 잠시 차를 세워놓고 방조제에 서서 너른 들판과 반대편 서해를
조망해도 좋다.

조금만 더 달리면 무학대사가 달을 보며 수도를 했다는 간월암에
다다를 수 있다. 태조 이성계의 스승인 무학대사가 창건한 암자로, 무
학이 이곳에서 달을 보고 깨달음을 얻었다 하여 간월암看月庵이라는
이름이 붙었다.

간월암에서 수행하던 무학대사가 이성계에게 어리굴젓을 보낸 후
부터 어리굴젓이 임금님께 올리는 진상품이 되었다는데, 간월암 주변

과 지금은 농경지가 된 서산 A·B지구는 원래 드넓은 굴밭이었다. 간월도 어리굴젓은 예부터 궁중에서 3대 진상품의 자리를 굳건하게 지켰고 지금도 으뜸으로 치는 특산품이다.

간월암 법당에는 무학대사를 비롯하여 이곳에서 수도한 고승들의 인물화가 걸려 있다. 예전에는 만조가 되면 간월암은 작은 섬이 되어 줄배를 타고 암자로 드나들었다. 지금은 언제나 걸어서 갈 수 있게 길을 돋우어 편해졌지만 옛날의 흥취는 사라졌다. 간월암에서 보는 낙조는 할미바위와 함께 최고의 장관이다.

看月島邊海接天 간월도변해접천
간월도 바다는 하늘과 닿아 있고

殘霞明滅見安眠 잔하명멸견안면
어른대는 노을 속에 안면도가 보이누나

遠嶼低昂柔櫓外 원서저앙유로외
노 저어 배 나가니 섬들이 출렁출렁

輕鷗出沒暮帆前 경구출몰모범전
해 지는 뱃전에는 갈매기 들락날락

耽看萬樹浮空碧 탐간만수부공벽
하늘에 뜬 푸른 송림 물리도록 바라보다

背指孤庵壓水懸 배지고암압수현
바다에 솟은 암자 돌아보며 가리키네

안면도와 육지를 연결하는 연육교(위)와 안면대교(아래)

醉臥自隨潮信去 취와자수조신거
술 취해 드러누워 조수에 몸 맡긴 채

高歌四望轉悠然 고가사망전유연
노래하며 둘러보니 더욱이 호젓해라

《미호집》제1권에 나오는 〈간월도에서 안면도로 향하다自看月島 向安
眠島〉라는 시로, 안면도의 자연과 아름다움을 노래했다.《미호집》은 조
선 후기의 문신 김원행(金元行, 1702~1772, 숙종 28~영조 48)이 펴낸 시
문집이다.

간월암을 뒤로하고 10여 분만 달리면 드디어 안면도 연육교連陸橋
가 나타난다. 섬과 육지를 연결하는 다리 연육교. 그러나 안면도는 본
래 섬이 아니었다. 조선 시대에 해상운송의 필요에 따라 운하를 팠는

데, 그것이 판목운하다. 현대에 들어 육상교통의 발달로 판목운하에 다리를 놓아 안면도는 다시 육지와 연결되었고, 그 다리가 바로 지금의 연육교다.

우리나라에서 여섯 번째로 큰 섬인 안면도에는 현재 11,398명이 산다. 안면도에서는 가는 곳마다 역사와 자연을 만날 수 있다.

태안해안국립공원에 편입된 안면도는 수려한 자연경관을 자랑한다. 서해와 접한 서쪽 해안선에는 샛별·꽃지·방포·밧개·두여·안면·기지포·삼봉·백사장 등 10여 개도 넘는 크고 작은 해수욕장이 있다. 뿐만 아니라 충청남도 서쪽 연안과 안면도 사이에는 해안선 길이가 1,199.8킬로미터나 되는 천수만淺水灣이 있다. 천수만은 서해안에서 유일하게 남쪽으로 열린 만으로, 농어, 도미, 민어, 숭어 등 회귀성 고급 어종의 산란장이다. 맨손어업(호미, 낫 등을 이용하여 갯벌이나 바위틈에 사는 수산물을 채취하는 어업)과 나잠어업(산소호흡 장치 없이 잠수해 해산물을 잡는 방법)이 발달한 안면도에서는 싱싱한 해산물도 마음껏 맛볼 수 있다.

이 밖에도 할미할아비바위, 천연기념물 모감주나무군락, 파수도 천연기념물, 패총(조개더미), 난초과의 새우란 등 다양한 자연경관과 희귀 식물을 접할 수 있다. 또한 흑두루미와 겨울 철새의 본거지인 천수만에는 서산태안환경운동연합에서 운영하는 '천수만 겨울 철새학교'(부석면)와 버드랜드(남면)가 있다.

안면읍에 소재한 문화재로는 천연기념물 제138호로 지정된 승언리 모감주나무군락지(면적 9,567㎡)가 있다. 모감주나무군락지는 수백 그루가 자생하는 자연식생으로 우리나라에서는 매우 드문 귀중한 숲이다. 천연기념물 제511호 내파수도內波水島와 문화재자료 제315호 '승언리 상여'도 유명하다.

할미바위와
할아비바위

  승언 장군의 전설이 담긴 명승 제69호 할미할아비바위는 태안 8경 중 하나다.

  할미바위는 안면읍 승언리에 있는 방포의 남쪽에 우뚝 솟아 바다를 향하고 있는데, 마치 그 모습이 할머니처럼 보인다 하여 붙여진 이름이다. 이곳에는 할미바위뿐만 아니라 맞은편에 할아비바위가 마주 보고 서 있어 더욱 이채롭다. 할미바위와 할아비바위 뒤로 해가 지는 모습은 우리나라에서 가장 아름다운 일몰 풍경으로 유명하다. 해마다 연말이 되면 멋진 사진을 찍으려는 사람들로 문전성시를 이루는데, 만조는 만조대로, 간조는 간조대로 천의 얼굴을 연출한다.

  할미바위에 관한 전설은 승언 장군과 밀접한 관계가 있다.

  신라 42대 흥덕왕 4년(835), 해상왕 장보고(張保皐, 당시 '궁복弓福'이라 부름)가 청해진(현재 완도)을 거점으로 북으로는 장산곶, 중앙부로는 견승포(안면도 방포)를 기지로 삼고 주둔했다.

  안면도에 전진기지를 설치한 장보고는 이 기지를 관할하는 책임자

안면도에 역사를 묻다

할미바위(왼쪽)와 할아비바위(오른쪽)

로 승언承彦이라는 사람을 견승포에 두어 다스리도록 했다. 승언은 이처럼 아름답고 환경이 좋은 견승포에 부임하게 된 것을 무척 기뻐했다. 승언 장군 내외는 금슬이 하도 좋아 하루라도 보지 못하면 참기 어려울 정도였다. 승언은 시간이 날 때마다 아름다운 바닷가를 아내인 미도와 함께 산책하곤 했다. 이렇게 부부가 산책할 때마다 부부의 정은 더욱더 깊어져서 마냥 즐겁고 행복했다.

그러던 어느 날, 승언은 군사들을 이끌고 북쪽으로 진군하라는 명령을 받았다. 급히 출정하라는 명령에 승언은 곧 돌아온다는 말을 남기고 출정했다. 미도 부인은 젓개산에 올라가 비가 오나 눈이 오나 일편단심으로 승언 장군을 기다렸다. 미도 부인은 남편이 틀림없이 돌

꽃다리 뒤로 보이는 할미바위와 할아비바위, 일몰

아올 것이라는 한결같은 믿음으로 바위 위에서 멀리 수평선을 바라보며 하루해를 보내곤 했다. 그러나 승언 장군은 끝내 돌아오지 않았고, 미도 부인은 간절한 소망을 이루지 못하고 그만 바위 위에서 죽고 말았다. 그 후 미도 부인이 바라보던 산이 바위로 변했다. 망부석이다. 그 뒤로 사람들이 이 바위를 일컬어 할미바위라고 하고 그 옆에 있던 바위를 할아비바위라고 불렀다고 전해온다.

안면도의 중심 마을은 승언리承彦里다. 이 마을 이름에 들어간 '승

안면도에 역사를 묻다

언'도 바로 승언 장군에게서 유래한다. 장보고의 휘하인 승언 장군이 안면도에 상주하면서 안면도를 지켰기 때문에, 그 뜻을 기리고자 승언이라는 이름을 붙인 것이다. 지금도 이 할미바위는 변함없이 서 있고, 그 유래를 아는 사람들은 이곳을 지날 때마다 발길을 멈추고 할미바위에 얽힌 전설을 회상한다.

하루에 두 번, 간조 때마다 할미바위와 할아비바위 사이 바닷길이 열린다. 그러면 관광객들은 마치 견우와 직녀 사이의 오작교가 이어지기라도 한 듯이 환호를 하며 바닷물에 잠겨 있던 신비로운 땅에 발을 딛고 해산물을 잡는다.

또 하나의 장관이 꽃지해수욕장에서 방포항으로 연결되는 곳에 있는 꽃다리다. 꽃다리에서 바라보는 할미바위와 할아비바위는 가히 신이 빚어놓은 최고의 걸작이다. 꽃다리에서 감상하는 일몰도 안면도의 백미라고 할 수 있다.

사냥금에서 본 망재와
쌀썩은여

아가, 아가 우지 마라

배 들어오면 징거미 쌀로 떡 해주마

어릴 때부터 귀에 익은 노랫말이다. 징거미는 징거미새우를 말하는데, 집게발이 큰 식용새우다. 벼 낟알들이 물속에서 징거미새우처럼 떠밀려 오는 것을 묘사한 듯하다.

'쌀썩은여'는 신야리에 있다. 여[礁]란 길게 돌출한 암초란 뜻이다. 즉 쌀썩은여는 쌀이 썩어 있는 암초 지대를 의미한다. 이곳은 바닷물의 유속이 빠르고 수중 암초가 많다. 샛별(원래 새뻘이었으나 샛별로 주민들이 개명)해수욕장과 용굴이 있는 망재가 부근에 있다. 쌀썩은여 뒤에는 국사봉이 있는데, 예전에는 이곳에 국사당이 있어서 나라에 큰일이 있을 때 봉화를 올렸다.

안면도 서해 바닷길은 세곡선稅穀船이 다니던 곳이다. 조운선인 세곡선은 많은 쌀을 실어야 해서 평저선平底船으로 만들었다. 평저선은 배 밑에 평탄한 저판(底板, 밑널)을 깐 선박으로, 밑바닥이 평평한 것은 우리나라 전통 배의 대표적인 특징이다. 태안에 위치한 국립태안해양유물전시관에 가면 태안반도에서 건져낸 세곡선 복원 모형(마도 1호)을 볼 수 있다.

쌀썩은여에 전해오는 이야기를 살펴보자. 현물로 받은 각 지방의 조세를 서울까지 배로 실어 나르는 조운은 고려 때부터 시행되었다. 삼남 지방에서 걷은 세곡을 개성(무인정권 때는 강화도)으로 옮겨야 했고, 그때부터 해로를 이용한 조운이 발달했다. 조선 시대에도 전라도에서 걷은 세곡을 서울로 운반할 때 선박이 도맡아 실어 날랐다. 이 무렵에는 조선술과 항해술이 발달하지 않았기에 전라도 연안에서 서울까지 운반하려면 많은 시일이 걸렸으며, 또한 많은 포구를 경유하면서 정박했다가 출발해야 했다. 게다가 여러 포구를 경유할 때 세곡선 감독관들이 일부러 수송 날짜를 늦추어가면서 쌀을 빼내 부당한 사복을 채우기도 했다.

그래서 세곡선이 안면도에 이르렀을 때는 세곡이 몇 섬 남지 않았다 한다. 이렇게 안면도까지 세곡선을 몰고 온 이들은 지금 쌀썩은여라고 불리는 암초에 고의적으로 배를 부딪쳐 파선을 시켜놓고 조정에 사람을 보내어 난파 사고를 당했다고 보고했다.

《고종실록》14권(고종 14년) 6월 26일자를 보면, "고의로 조운선을 파선시킨 감관, 색리, 사공들을 신문하여 처벌하도록 하다"라는 기사가 있다.

의정부議政府에서 아뢰기를,

"방금 충청 수사水使 이희눌의 등보謄報를 보니, 호남 성당창聖堂倉의 조선漕船 6척이 서산의 안면도 부근에서 파선되고 4척은 홍주 원산도 부근에서 파선되었다고 합니다. 10척의 조선이 일시에 파선되어 〖싣고 있던 것을〗 썩히는 것은 전에 없던 변고입니다.

설령 배가 큰 바다에 있어서 사나운 풍랑이 뜻밖에 나왔다 하더라도 사공과 결꾼[格軍]들의 진실과 허위를 오히려 헤아리기 어려운데 이번의 사건에서는 의심스러운 것이 실로 한두 가지가 아닙니다.

원산도에서 점검하는 날 비 때문에 지체되었으니, 포구에 정박하는 것이 타당하고 배를 운항하는 것이 불리하다는 것은 미리 헤아릴 수 있었습니다. 그런데 한데 모여 정박하고 있던 배들이 일제히 풍랑에 휩쓸려 미처 손을 쓸 수 없었다는 것이 이치에 맞습니까?

게다가 담당 아전과 사공, 결꾼들이 아프다고 하면서 뭍에 내렸으니 놀라운 일입니다. 더구나 배가 뒤집힌 뒤에 운봉雲峰 감관監官이 까닭 없이 도망쳐 숨은 것은 무엇 때문이겠습니까? 범죄의 진상이 저절로 드러났음을 이것으로 알 수 있습니다. 이른바 건져낸 곡식도 또한 얼마 되지 않습니다.

이런 일을 심상하게 처단한다면 나라의 법과 조선에 대한 정사에 대해 더 말할 것이 없으니 끝없는 폐단을 무엇으로 막겠습니까?

파선시킨 감관, 색리, 사공, 결꾼과 도망쳐 숨은 자와 아프다고 핑계한 여러 놈들을 모두 충청 감영에 관문으로 신칙申飭하여 잡아다가 엄하게 형장 치면서 샅샅이 따지고, 간사한 짓을 한 몇 놈은 수영에 압송하여 파선

시킨 지경에서 효수한 후에 치계馳啓하게 하고 운반을 책임진 차사원과 호송한 차사원은 직무에 태만하였다는 것에서 그쳐서는 안 되니 격식을 갖추어 장계로 보고하기를 기다렸다가 해부該部로 하여금 잡아다 신문하고 중하게 처벌하도록 하소서.

호송한 지방 진장鎭將과 망을 본 장교와 아전들도 또한 수영水營으로 하여금 엄히 곤장 쳐서 징계하게 하소서. 대체로 조선은 원래 정해진 액수가 있는데 지금 이 '여艅' 자 배를 임대했다고 하는 것에서 조운규정을 어겼을 뿐만이 아니라 짐이 무겁다고 하여 이 배 저 배로 옮겨 실었으니 이러는 사이에 어찌 농간하는 자취가 없겠습니까? 그 곡절을 호남 도신道臣으로 하여금 신속히 조사하여 보고하도록 하여 논죄하는 근거로 삼는 것이 어떻겠습니까?"

하니, 윤허하였다.

이처럼 다량의 세곡을 부정 착복하고 그대로 수송했을 때 그 책임을 모면할 길이 없었기에 이같이 고의적으로 사고를 저지른 것으로 보인다.

그런데 사료와는 다르게 《안면도지》에서는 '쌀썩은여'라는 지명이 붙게 된 까닭을 다음과 같이 전하고 있다.

사고 보고를 받은 조정에서 관계자를 현지에 파견하여 실태 조사를 마친 다음 인명 피해가 없음이 다행이라 하여 문책을 하지 않았으며, 이 같은 일이 있은 뒤부터 이곳 주민들이 이 지역을 '쌀썩은여'라고 불렀다는 것이다.

쌀썩은여와 망재(오른쪽)

어쨌든 쌀썩은여 주변이 워낙 험하여 조운선이 지나기 험한 곳이었음은 틀림없고, 실제로 여섯 척이 파선한 기록이 있다. 쌀썩은여라는 지명은 파선한 세곡선에서 나온 벼가 그대로 썩어 바다에 떠다녔기 때문에 붙여진 이름인 것만은 확실하다.

또한 기록을 보면 안면도에 봉쇄관이라는 관직을 가진 어르신도 여럿 있었다. 봉쇄관은 세금을 거두는 관리를 말한다. 1848년(헌종 14년)에 승언리에서 출생한 박동진 옹(1900년 임명), 1872년 승언리에서 출생한 박준용 옹(1903년 임명)이 봉세청 검세관에 임명되었다. 이런 분들이 계신 것을 보면 안면도가 중요한 세금 징수처였음을 알 수 있다.

또한 세금 누출도 있었던 듯하다. 1897년 10월에 고종은 대한제국을 선포하며 세금으로 인한 피해를 없애고 황제권을 강화하고자 봉세

안면도에 역사를 묻다

관 제도를 신설했다. 세금을 걷어 필요한 황실 재정을 확충하고 황실의 안녕을 도모하고자 했다. 그러나 후에 이 제도가 오히려 착취로 이어져 민란을 야기했다고 하니, 아무리 좋은 제도도 시행하는 사람에 따라 악용되기도 하는 것은 예나 지금이나 마찬가지인가 보다.

신야리 국사봉 앞에 위치한 사낭금은 경사가 심한 낭떠러지인데, 육지와 경계가 되는 곳이라는 의미가 있는 지명이다. 사낭금 바로 아래에 있는 망재섬은 하루에 두 번씩 간조 때마다 길이 열리는데, 망재섬을 사이에 두고 서해를 바라보는 풍광은 최고의 절경이다. 마침 내가 찾았을 때는 해넘이가 막 시작된 때였다. 쌀썩은여의 의미를 곱씹으며 석양을 바라보니 풍랑으로 난파당한 수많은 조운선의 영혼들이 찬란한 아름다움으로 되살아난 듯 붉게 물든 수평선이 신비한 장관을 연출했다.

안면암,
조구널섬과 여우섬

정당리 부뚜기(일명 붓뚝이, 보뚝이)를 지나가면, 빼곡한 안면송 터널이 나온다. 양옆에 늘어선 거대한 소나무가 터널을 이루어 시원한 그늘을 선사한다. 여름에는 지나가는 차들도 이곳에서는 속도를 줄인다. 저절로 가슴이 서늘해지고 마치 천혜의 궁전으로 들어가는 듯한 환상에 빠져들게 하는 곳이다. 겨울에는 소나무 가지에 눈이 적당히 쌓여 소나무 가지가 도로 가운데로 늘어지는 덕분에 여름보다 더 멋스런 설경 터널이 된다. 겨울이건 여름이건 소나무 터널을 지날 때는 모든 이들이 절로 탄성을 터뜨린다.

울창한 안면송을 보면서 가다 보면 안면암으로 가는 길을 알려주는 표지판이 보인다. 그 길로 접어들어 조금 달리다 보면 여수해가 나온다. 여수해는 여우섬 물가에 있는 마을이라 붙은 이름이다. 마을 중간으로 들어가면 여수해 경로당을 지나면서 매우 가파른 작은 언덕이 나온다. 좌우에 늘어선 나무와 부드러운 능선을 감상하며 내려가면 바로 안면암 입구에 다다른다.

주차장 오른쪽에 정5품 정헌대부 통덕랑(홍문관 교지나 육조의 정랑

안면송림

과 같은 품계)을 지낸 김중현 어르신의 묘소가 있다. 묘지가 얼마나 명당인지 6대에 큰 인물이 나온다고 회자되는 곳이다.

안면암은 올 때마다 새 건물이 들어선다. 예전의 소박하고 고즈넉하던 풍경이 그립다. 절 입구에 새로 만든 커다란 해수관음보살 입상이 안면암을 찾는 이들을 굽어본다. 길 오른편으로는 '꽃피는 절'이라는 새로 생긴 절이 있다.

원래 안면암 터에는 여수해 마을에 거주하는 분의 집과 밭이 있었는데, 여우섬과 조구널섬을 굽어보는 경치가 워낙 좋아 안면암에서 매입하여 절을 만들었다. 원래의 안면암 방면으로 조금 올라가면 바로 아래 바다가 보이고 환상처럼 조구널섬이 보인다. 조구널섬 바로

절이 들어선 안면암(위)과 조구널섬(가운데), 여우섬(아래) 전경

앞까지 약 200미터 길이의 부교가 설치되어 있어서 만조 때는 물에
둥둥 떠 있고, 간조 때는 갯벌이 드러나 부교를 걷다 보면 농게(황발
이)와 망둥어가 관광객들을 유혹한다.

　조구널섬 바로 앞에 국적이 애매한 철탑을 세워서 만조 때는 그 탑
도 물 위로 떠오른다. 조구널섬은 천수만에서 조기가 많이 잡힐 때 조
기를 널어 말리던 곳으로, 안면도 사투리로 '조구를 널던 섬'이라고 부
르던 데서 그 지명이 유래한 게 아닐까 싶다.

안면도는 유구한 사찰의 역사를 간직한 곳이기도 하다. 고려 말기 무학대사가 간월도에 무당사를 세웠고, 그 후로 불교가 승언리에 전래되었다고 한다. 안면도에는 유난히 '절골'이라는 지명이 들어간 곳이 많은데, 그것은 바로 절터가 있었다는 뜻이다. 승언리 방포사지, 승언리 탑골사지, 창기리 절골사지, 중장리 절골사지, 정당리 동부처사지, 장곡리 귀곡사지 등 안면도 전역에 절터가 산재해 있다.

해안가 절벽에는 안면암이 자리하고 있다. 이국적인 태국식 건축양식과 수려한 경치로 안면도의 관광 명소 중 하나다. 안면암에서 제일 먼저 눈에 띄는 것은 금강역사다. 불법을 수호하고 불자들의 서원이 깨지지 않도록 지키는 부처가 금강역사다. 금강역사가 바다를 뒤로하고 8부 신장과 함께 서 있다. 다른 절에서 볼 수 없는 8부 신장의 이름과 역할은 다음과 같다.

1. 천(범어로는 데바deba)은 불법佛法의 수호신이다.
2. 용(범어로는 나가naga)은 8대용왕八大龍王으로 역시 불법의 수호신이다.
3. 야차(범어로는 야크샤Yaksa)는 공중을 날아다니는 귀령鬼靈으로 불법의 수호신이다.
4. 건달바(범어로는 간다르바Gandharva)는 음악신으로 역시 불법의 수호신이다.
5. 아수라(범어로는 아수라Asura)는 원래 악마라는 뜻이지만 불교에서는 불법의 수호신으로 줄여서 수라修羅라고도 한다.
6. 가루라(범어로는 가루다Garuda)는 신화에 나오는 조류의 왕인 금시조金

翅鳥라고 하는 새로, 역시 불법의 수호신이다.

7. 긴나라(범어로는 긴나라Kinnara)는 머리 위에 뿔이 달린 인비인人非人으로, 가신歌神이라고도 한다.

8. 마후라(범어로는 마호라가Mahoraga)는 뱀의 신으로 역시 불법의 수호신이다.

이상의 8부 신장은 원래 인도 바라문교, 현재 힌두교의 신들이며 엄격히 따지면 우리 불교의 신은 아닌데 모두가 부처님께 귀의하여 불법의 수호신이 되었다고 한다. 나는 처음에 이 석상들이 12지신인 줄 알았다. 그러나 자세히 보니 숫자도 8개이고 모양이 12지신과는 전혀 달랐다. 8부 신장의 범어 이름들을 살펴보니 앙코르와트에 새겨진 조형물들의 이름과 비슷했다.

안면암의 특색이 또 있다. 바로 부교를 설치해서 바다 깊숙이 들어갈 수 있다는 점이다. 물이 들어오면 안면암과 조구널섬 사이 중간 정도까지 가고, 물이 나가는 간조가 되면 조구널섬까지 가면서 바다를 온전히 느낄 수 있다. 안면암 호국 부상탑 앞에 있는 섬에는 작은 돌탑들이 즐비하다. 관광객들이 돌을 얹어놓고 소원을 빌면서 쌓은 작은 돌탑들이다.

손에 잡힐 듯 펼쳐진 천수만의 풍광을 감상하며 부교를 건너면 사이좋게 좌정한 여우섬과 조구널섬이 코앞이다. 여우섬은 여우를 닮은 형상이라 하여 붙여진 이름인데, 물이 빠지면 오른쪽의 조구널섬과 모래톱으로 연결된다. 여우섬 앞에 있던 진대섬은 간척사업으로 육지가 되었다. 방파제 중간에 뱀처럼 길쭉하게 놓인 소나무 구릉을 유심히 살펴야 옛 진대섬임을 알 수 있는데, 진대는 이곳 말로 뱀을 뜻한다. 진대섬에는 시누대라는 대나무가 빼곡한데, 시누대는 예부터 무당들이 쓰는 신주와 방패연을 만들 때 사용했다.

안면암은 1994년에 건립되었다. 대한불교 조계종의 시설로 조계종 제17교구 본사인 금산사의 말사다. 안면도의 동쪽 천수만 바닷가에 자리한 안면암은 역사는 오래되지 않았으나 수려한 주변 경관 덕분에 관광객들이 즐겨 찾는 곳이 되었다.

안면암 뒤 정상에서 바라보는 일출은 가히 장관이다. 정상에서 오른편을 내려다보면 넓은 간척지가 보인다. 일제강점기로 접어들면서 안면도 해안가에는 대대적인 간척사업이 이루어졌다. 그 효시는 1917년 7월 27일 43정보(12만 9,000평)에 대한 매립공사였다. 이후에도 꾸준히 간척사업을 진행해 장댕이 앞들과 독개, 이생이 등지의 광활한 해안이 옥토로 바뀌었다.

안면암에서 오른쪽으로 보이는 간척지는 1970년대 중반에 정당리 2구 김준희 어르신이 맨손으로 일구어낸 땅이다. 정당리 2구와 4구 지역의 논이 부족하던 때 간척사업으로 옥토를 제공해 삶을 풍요롭게 했고 이 일대의 지도가 바뀌었다.

안면암에서 일출을 보노라면 저 멀리 홍성의 남당포구와 간월도가 보인다. 천수만을 지나 상벌로 가는 배도 보인다. 나도 모르게 절경에 취해 뱃사람들의 안녕을 기원하게 된다. 순간 〈안면도 찬가〉(1924년경 안면공립보통학교 이창준 선생이 학생들에게 민족정기를 고양하기 위해 지은 노래)가 절로 나온다.

검고 푸른 천연림은 공중을 덮고
출렁출렁 황해수는 에워 둘렀네
서해안에 길게 누워 국경이 되니
예로부터 이름 높아 우리 안면도

이 산 저 산 쌓인 수목 우리의 자산
전원 위에 깔린 백곡 우리의 양식
바닷속에 잠긴 보배 더욱 많으니
낙원이다 유족하다 우리 안면도

부교 기둥마다 불교 경전에 나오는 지혜의 글이 적혀 있다. 경전을 음미하는 순간 스스로를 돌아보게 하니 바닷속에서 진주를 찾는 느낌이 든다면 과장일까!

"태산 같은 자부심을 가지되, 누운 풀처럼 자신을 낮추라. 만사가 잘 풀릴 때를 조심하라."《잡보장경》

"참다운 삶은 간단하다. 진리를 즐기고 그 길을 가라. 또 진리에 머물면서 진리를 전하라."《수타니파타》

세 자매의 무덤과
삼봉에서 본 서해 섬들

　세 자매의 전설이 서린 삼봉은 창기리에 위치한다. 삼봉 바위 밑 굴은 용이 나왔다고 '용난구멍'이라고 한다. 멀리 보이는 섬 나치도와 이름 모를 몇몇 섬들이 점점이 떠 있어 보는 이를 한가롭게 한다.

　세 자매가 각각 세 봉우리로 변했다는 전설에는 안면도 어부 일가의 슬픈 이야기가 담겨 있다. 삼봉 근처에 아주 지독한 구두쇠 남편과 부인, 세 딸이 살고 있었다. 어느 날 세 딸이 모두 병에 걸리고 말았다. 구두쇠 남편은 돈이 아까워서 딸들을 치료하지 않았는데 그만 세 딸 모두 죽고 말았다. 아버지를 원망하며 죽은 딸들이 세 봉우리가 되었다는데, 바로 삼봉이다.

　《미호집》제1권에 실려 있는 시 〈삼봉三峰〉이다.

　　危哉海上之高臺　위재해상지고대
　　아슬아슬하구나 바닷가 높은 누대여

　　極目雲濤萬里開　극목운도만리개
　　넘실대는 흰 파도 끝도 없이 펼쳐지네

세 자매의 전설이 서린 삼봉

列嶼遙從天際出　열서요종천제출
먼 하늘 여기저기 섬들이 떠 있고

高帆多自日邊來　고범다자일변래
붉은 해 비껴가며 돛단배들 돌아오네

山河是處靑邱盡　산하시처청구진
이곳 산하에서 청구[1] 땅이 끝나는데

笙鶴何年絳節回　생학하년강절회
생학[2]은 언제쯤 부절 갖고 돌아올꼬

---

1 청구(靑邱) : 예전에 중국에서 우리나라를 이르던 말.
2 생학(笙鶴) : 신선(神仙)이 생황을 불며 타는 학.

　안면도에 역사를 묻다

向晚長風吹客袂　향만장풍취객몌

저물녘 거센 바람 옷소매에 불어오니

願隨黃鵠過登萊　원수황곡과등래[3]

황곡[4] 따라 등주 내주 가보고 싶구나

삼봉 바로 앞 해안가 절벽을 오르면 암반으로 이루어진 봉우리에 특이한 무덤이 있다기에 위험을 무릅쓰고 엉금엉금 기다시피 해서 간신히 꼭대기에 올랐다. 과연 그 바위 정상에 무덤이 있었다. 김해김씨 무덤인데 험한 바위 꼭대기까지 어떻게 운구를 했을까? 수중릉도 아니고 만조가 되면 둥둥 떠 있을 것 같은 장소에 하필 무덤을 만들었을까? 후손들이 성묘를 가려면 암벽등반을 해야 할 판인데 망자가 유언을 했을까, 아니면 자손이 그리했을까 궁금해진다. 아니면 우리가 짐작하지도 못할 특별한 사연이 있는 것일까? 혹여 세 자매의 무덤 전설과 관련이 있는 건 아닐까?

---

3 등래(登萊) : 등주(登州)와 내주(萊州)를 함께 일컫는 말로, 산동성 일대를 가리킴.

4 황곡(黃鵠) : 오릿과의 물새.

안면도 자연휴양림과
조개산 탕건봉의 천수만 일출

　조개산 정상에서 천수만을 조망하려고 자연휴양림을 찾은 날은 하필 코로나19가 기승을 부리던 2020년 3월 중순이었다. 안면도 자연휴양림 정문을 지나야 조개산에 오를 수 있는데, 입구부터 차단을 시켜 아예 출입금지다. 다행히 작년에 작가들과 함께 안면도를 답사한 적이 있어 그때의 감상을 적어본다.

　안면도 휴양림은 400여 헥타르에 이르는 엄청난 넓이에 수령 80~100년 된 '안면송(춘양목, 미인송)'이 쭉쭉 하늘로 벋어 있어 마치 별세계에 발을 들여놓은 듯한 착각이 인다. 요즈음엔 소나무 사이로 산책로를 설치해놓아서 그 길로 산책을 하노라면 마치 신선이 된 듯한 기분이 든다. 소나무 아래에서는 까마득한 높이인데 산책로에서는 거대한 소나무 상층부를 눈높이로 마주할 수 있다. 소나무의 제왕들이 늘어선 길을 솔향기를 맡으며 걷는 기분도 기가 막힌다. 산책을 겸해 산림욕을 할 수 있는 코스는 총연장 7.4킬로미터로, 휴양림 내에 다양하고 재미있는 코스가 있다.

　조개산에서 천수만 조망을 즐기려면 정상에 올라가야 한다. 조개

하늘에서 내려다본 천수만 전경(안면대교 부근)

산에서 가장 높은 봉우리는 탕건봉으로 해발 92.7미터다. 탕건봉까지
가려면 작은 봉우리들을 몇 개 지나야 하는데 새조개봉, 바지락봉, 진
주조개봉, 키조개봉 등 조개 이름을 붙인 봉우리들이 많다. 원래 조개
산朝開山은 '아침을 여는 산'이라는 뜻인데, 각각의 봉우리에 안면도에
서 나는 조개 이름을 붙여 재미를 더했다.

　탕건봉에 오르면 솔향기 길 전망대가 나타나고 비로소 눈앞에 길고 거대한 청록색 띠 모양의 바다가 나타난다. 바로 천수만이다. 안면도에서 일출을 볼 수 있는 천수만. 그래서 천수만의 일출은 더욱 신비롭다. 안면도 서쪽에서는 아름다운 모래로 된 해수욕장과 일몰 풍경을 감상할 수 있다면, 조개산 탕건봉은 안면도에서 유일하게 멋진 일출을 감상할 수 있는 곳이다.

천수만은 서해 어족 자원의 보고이기도 하다. 육지와 바다 양쪽에서 흘러드는 무기질과 유기질이 만나 치어들이 자라기에 최적의 환경을 조성하는 천수만은 자연이 선사한 거대한 산란장이자, 치어들이 바다로 나가는 길목이며, 다 자란 성어들이 귀향 본능에 따라 모여드는 곳이다.

천수만 건너에는 보령의 오서산이 떡 버티고 있고, 그 옆에 보령의 화력발전소가 보인다. 굴뚝에서는 에너지 생산의 증거인 연기가 산업 역군처럼 힘차게 하늘로 피어오른다. 중간쯤에는 상벌의 모래톱이 길게 드러나 있고, 그 옆으로 열두대섬이 나란히 이어져 있다. 그 맞은편에 광천 독배마을로 드나드는 오천항이 보인다. 언젠가 기회가 되면 새벽 조개산에 올라 신비한 일출을 감상하고 싶다.

안면도에 역사를 묻다

두여전망대에서 본
종주여

　두여전망대는 승언리 2구에 위치한다. 전망대까지 올라가는 길은 무척 가파르다. 왼쪽으로는 두여전망대보다 조금 높은 안면도 기후변화감시소가 있다. 하지만 이곳보다 바로 바다에 닿아 있는 두여전망대가 훨씬 경관이 좋다. 전망대 바로 아래에 있는 습곡을 자세히 볼 수 있기 때문이다. 제주도 해변에서 흔히 볼 수 있는 주상절리는 봤지

두여전망대에서 본 독살(돌을 쌓아 만든 자연 그물)

두여전망대 아래에 있는 습곡(위)
여인네의 풍성한 가슴을 닮은 바위, 종주여(아래)

안면도에 역사를 묻다

만 습곡은 처음이다. 오랜 세월 파도가 만들어놓은 바닷가 바위들의 주름이라고 할까. 마치 페스츄리처럼 물결무늬가 겹겹이 새겨진 습곡은 태곳적 신비감이 가득하다. 그 주름 사이사이마다 따개비와 고둥과 굴들이 터를 잡고 있다.

이곳은 원래 경관이 뛰어나 도인들이 도를 닦는 곳이라는 의미로 '도여'라고 했다는데 현재는 두여가 되었다.

전망대에서 왼쪽을 보면 신비하게 생긴 종주여가 보인다. 기차바위라고도 부르는 긴 여의 끝부분에 둥그렇게 솟은 바위가 있다. 여인네의 풍성한 가슴을 닮은 이 바위가 바로 종주여다. 여는 바다 쪽으로 튀어나온 바위라는 뜻인데, 종주라는 이름은 어디에서 유래했을까? 종처럼 생긴 바위라는 뜻일까? 아무튼 종주여는 그 생김새가 독특해서 멋진 풍경을 연출한다.

신비의 섬
내파수도

내파수도는 안면도의 또 다른 부속섬으로 샛별해수욕장에서 10여 킬로미터나 떨어져 있다. 해변엔 몽돌이 무성한데, 배를 대는 방파제 역시 몽돌로 이루어진 천연 방파제다. 우리나라에서 유일한 몽돌 방파제는 최고의 절경을 자랑하고, 섬 한가운데에는 동백나무 군락이 있으며, 해변에는 거대한 주상절리들이 보인다. 파도가 유난히 세서 배들이 풍랑을 자주 만나는 곳인데, 거센 파도에 부서진 바위들이 억겁의 세월 동안 닳고 닳아 몽돌이 되었다. 그래서 물빛이 수정처럼 맑다.

파도가 앞장서고 바람이 거들어 만든 자연 절경의 내파수도는 2009년 12월에 천연기념물 제511호로 지정되었다. 육지에서 멀리 떨어져 있어서 오랜 옛날부터 조난을 당한 중국 배들도 이 섬으로 피난을 와서 머물다 가곤 했다. 해변 가득한 몽돌에 세월의 역사가 켜켜이 묻어 있는 셈이다.

사람이 살지 않는 무인도인데 서해안 기름 유출 사건 때 내파수도까지 오염되어 안면도 사람들이 섬에 들어가 기름을 걷어냈다고 한

하늘에서 내려다본 내파수도

다. 예부터 해삼과 우럭이 지천이었다는 인근 바다에는 전복 양식장
이 많이 들어서 있다.

정당리
소나무 터널

안면대교를 건너 차로 10여 분 정도 달리다 보면 시원한 소나무 터널이 나타난다. 부뚜기라고 불리는 이 마을에서 안면암으로 가는 길과 잔다리로 넘어가는 길 모두 아름드리 소나무가 가득하다. 이곳의 소나무는 다 안면송이다. 적송이라고 부르기도 하는데, 적송은 일본인들이 붙인 이름이라고 하니 앞으로는 안면송이라고 통일하는 게 좋을 것 같다.

정당리 소나무 터널은 여름에는 시원한 피톤치드를 내뿜고 겨울에는 흰 눈을 가득 인 채 멋진 장관을 연출한다. 그 길이는 길지 않지만 머릿속까지 훤히 맑아지는 듯한 상쾌함이 긴 여운을 남기는 곳이다. 이 길은 2013년 국토교통부에서 선정한 '대한민국 환상 드라이브 코스 베스트 10'에 뽑히기도 했다.

소나무 터널을 지나면 정당리 길이 나오는데 저절로 브레이크를 밟게 만드는 곳이다. 이 길에 들어서면 도시에 찌든 마음을 깨끗이 정화해줄 것 같은 소나무 숲의 솔향기가 가슴 가득 들어오는 듯하다. 그래서인지 이곳을 지나는 차량들은 거의 다 속도를 늦추며 환상적인 길

드라이브 코스로 손꼽히는 정당리 소나무 터널

에 조금이라도 더 머무르고 싶어 한다.

〈태왕사신기〉, 〈사랑의 불시착〉 등
수많은 방송 촬영지

안면도는 절경이 즐비한 데다 해안국립공원의 대자연은 도시인에게 휴식처요 동경의 대상이다. 축복받은 자연환경 덕분에 안면도는 방송 촬영지로도 각광받고 있다. 지금은 철거되었지만 MBC 특별기획 드라마 〈태왕사신기〉 세트장도 고남면 누동리에 있었다. 국민 배우이자 만인의 연인 배용준이 주인공인 〈태왕사신기〉는 30퍼센트가 넘는 시청률을 찍을 정도로 많은 이들에게 사랑받은 국민 드라마로, 광개토대왕이 역경과 고난을 딛고 왕이 되어가는 과정을 그렸다.

광개토대왕(호태왕)은 고구려의 19대 왕이다. 고구려인의 웅지와 기상을 보여준 광개토대왕은 391년 5월, 만 17세의 나이로 고구려 19대 임금 자리에 올랐다. 임금이 되자 처음으로 고구려 연호를 영락永樂이라고 정했다. 영락은 '길이길이 안락을 누린다'는 뜻인데, 자주적인 나라를 새로 열겠다는 의지를 반영한 것이었다. 413년 승하할 때까지 22년 동안 임금 자리에 있으면서 눈부신 정복 활동을 벌였다. 중국 지안集安시에 가면 광개토대왕비가 있는데 비문에는 "은혜와 덕택이 하늘에 미쳤고 위엄과 무력(무로 닦인 힘)이 사해(四海, 온 천하)를

<사랑의 불시착> 세트장

덮었다. 못된 무리를 쓸어내고 왕업을 편안케 했다. 나라는 풍부했고 백성은 풍요로웠으며 오곡이 풍성했다"라고 써 있다.

고구려 군영과 진영지를 재현한 <태왕사신기>의 오픈 세트장이 안면도 지포지구인 누동 3리에 있었는데, 이곳에서 전투 장면 등 드라마의 절정 및 결말 부분을 찍었다. 일본에서 욘사마로 유명한 배용준 팬인 일본 여성들도 단체로 구경하러 자주 왔었다는데, 애석하게도 오픈 세트장은 철거되어 역사 속으로 사라졌다.

최근에는 tvn 드라마 <사랑의 불시착>을 안면도에서 촬영했다. 국민 배우 현빈이 북한 군인으로 출연한 〈사랑의 불시착〉은 어느 날 돌 풍에 휩쓸려 북한에 불시착한 재벌 상속녀와 그녀를 숨기고 지키다 사랑하게 되는 북한군 특급장교의 러브스토리를 그린 드라마다. 고남 면 장곡리 지포저수지 위 모석원 오른쪽으로 올라가면 골짜기에 세 트장이 있다. 저수지 안쪽에 있어서 찾기가 쉽지 않은데, 안으로 들어 가면 북한에서나 볼 법한 표어들이 벽에 붙어 있는 마을이 나온다. 집 여러 채와 공회당, 초소, 우물가 등을 갖춘 세트장은 실제로 북한에 온 듯한 착각이 들 정도다. 드라마 속에서 북한 사투리로 웃음을 자아내 던 연기자들이 어딘가에서 불쑥 튀어나올 것만 같은 모습이었는데 아 쉽게도 올해 4월에 철거되었다.

이외에도 안면도 방포항 꽃다리에서는 KBS의 〈저 푸른 초원 위에〉, 〈열여덟 스물아홉〉을 촬영했고, 삼봉해수욕장과 절골 굴 양식장에서 는 KBS의 대표 예능 프로그램 〈1박 2일〉도 촬영했다.

중장리 두지도에서는 최수종, 김종민과 탈북자들이 출연한 생활 예 능 프로그램인 〈잘살아보세〉를 촬영했다. 안면해수욕장에서는 송윤 아가 주연을 맡은 드라마 〈웨딩드레스〉와 영화 〈아빠 어디 가〉를 촬 영했다. 이병헌 주연의 영화 〈누구나 비밀은 있다〉에서 가장 멋진 장 면 중 하나로 꼽히는 욕조 장면은 안면도 왼쪽의 한적한 섬 황도에서 촬영했다.

송강호와 신세경 주연의 영화 〈푸른 소금〉은 안면도 중장리 두산염 전에서 촬영했다. 〈푸른 소금〉은 특히 지역의 역사적 특성을 고려한 촬영이 빛나는 작품이다. 안면도는 우리나라에서 대표적인 천일염 생

안면도 중장리에 위치한 두산염전

산지인데, 옛 방식 그대로 자연건조 천일염을 생산하던 염전에서 아름다운 일몰을 배경으로 찍은 장면은 해당 영화에서 최고의 명장면으로 꼽힌다.

안면도는 전통 자염煮鹽 생산지로 유명했는데, 지금은 채산성이 맞지 않아 생산이 중단되었다. 자염은 천일염이 보급되기 전에 우리 선조들이 만들어 먹던 대중적인 전통 소금으로, 무기질과 유기질이 풍부하다. 자염은 햇볕에 말린 갯벌 흙을 바닷물로 걸러 염도를 높인 다음 가마솥에 끓여 만든 소금이라 구운 소금과는 확연히 다른 맛이 난다. 자염은 조금(조수간만의 차이가 적은 기간) 때 약 6~7일간 바닷물이 들어오지 않는 갯벌에 웅덩이를 파고 중앙에 통자락(물이 모이는 통)을 설치한 다음 웅덩이의 흙을 통 주변에 펼쳐놓고 물이 닿지 않는 동안 갯벌이 잘 마르도록 소를 이용해 써레질을 해서 말린 소금이다.

이처럼 안면도는 드라마나 영화는 물론이고, CF, 커플 웨딩, 셀프 촬영지로 각광 받고 있다. 다양한 매체에서 조명한 장소를 방문해보면 안면도에 깃든 역사와 문화, 전통을 발견하는 재미를 느낄 수 있을 것이다.

안면도
둘레길

"걸으면 살고 누우면 죽는다"는 말이 건강관리에 힘쓰는 현대인들이 마음에 새겨야 할 금언이 되었다. 직립보행을 하는 인간의 신체는 걷도록 설계되었고, 많이 걸을수록 모든 신진대사가 활발해져 성인병이 둥지를 틀 겨를이 없는 것이다.

현대인들이 마음 놓고 걸을 수 있는 길은 그리 많지 않다. 걷기의 정신적 육체적 이점을 온전히 누리려면 첫째, 공기가 좋아야 하고 둘째, 경관이 좋아야 한다. 공해가 없는 자연과 호젓하게 만날 수 있는 길에서 걷는 것은 그야말로 행복한 일일 것이다. 전국적으로 둘레길이 조성되어 있지만 안면도의 둘레길만큼 모든 것을 갖춘 길도 드물다. 소나무도 해송을 더 쳐주고 푸성귀도 바닷바람을 맞으며 자란 것을 으뜸으로 치니, 해풍을 맞으며 걷는 길이 얼마나 좋을지는 굳이 설명하지 않아도 될 것이다.

안면도에는 천혜의 바다를 낀 둘레길이 많다. 게다가 소나무 향을 맡으면서 걸을 수 있으니 얼마나 환상적인가.

2020년 현재 안면도에 있는 둘레길은 다음과 같다.

1. 노을길(백사장항에서 꽃지해변)

백사장항 - 기지포해변 - 두여전망대 - 꽃지해변

총거리 12km / 소요 시간 약 3시간 40분

노을길이라는 이름에서 알 수 있듯이 '석양'이 아름다운 길이다.

백사장항은 말 그대로 옥처럼 고운 흰 모래밭인 백사장 옆에 있는 항구로, 우리나라 최대 자연산 대하 집산지다. 각종 수산물과 어패류를 맛볼 수 있으며 꽃다리에서 바라보는 일몰도 환상적이다.

자연관찰로로 이름 붙여진 곰솔길은 곰솔이 아름답게 조성된 자연관찰림 사이를 걸으며 사색을 즐길 수 있는 길이다. 또한 소나무 삼림욕까지 겸할 수 있는 길로 파도와 바닷소리를 감상하며 산책할 수 있는 멋진 길이다.

기지포탐방지원센터(기지포해안사구)

바람에 실려 온 모래가 쌓여 만들어진 해안사구는 희귀 동식물들의 서식공간이자 자연방파제 역할을 한다. 기지포탐방지원센터에서는 기지포해안사구 해설 프로그램도 운영하고 있다.

창정교

안면도 창기리 마을과 정당리 마을을 연결하는 다리인 창정교 인근은 소하천 기수지역(주기적으로 바닷물이 유입되어 염생식물이 분포하는 지역)으로 모래갯벌이 분포하여 수많은 갯벌 생물이 서식한다. 또한 야

해변을 지나는 노을길

생동물 서식 공간인 '비오톱biotope'을 설치하여 야생동물의 생태를 관찰할 수 있다.

두여전망대

두여전망대는 서해의 오밀조밀한 섬과 아름다운 해안선을 볼 수 있는 최적의 장소다. 특히 이곳에서만 볼 수 있는 특별한 지형인 두여 해안습곡을 감상할 수 있다. 해안습곡은 지하 깊은 곳의 압력을 받아 바위가 물결 모양의 단층을 이룬 곳이다.

밧개

암반갯벌로 이루어진 밧개해변은 전통적인 어로 방식인 독살이 잘 보존되어 있다. 독살은 밀물 때 들어온 물고기가 썰물 때 독살 안에 갇혀 나가지 못하는 원리를 이용한 어로법이다. 반대편 해변은 아이들이 놀기에 아주 좋다.

두에기

두에기 촛대바위는 해안침식 작용에 의해 형성된 바위다.

방포항(모감주나무군락)

천연기념물 138호로 지정된 모감주나무군락이 있는 방포항(이전에는 '젓개'라 불림)은 학술적 연구 가치가 큰 곳이다.

꽃지해변(할미할아비바위)

할미할아비바위가 위치한 꽃지해변은 서해의 3대 낙조 명소로 꼽힌다. 방포와 꽃지를 연결하는 꽃다리에서 아름다운 해넘이 경관을 감상할 수 있다.

2. 샛별길(꽃지해변에서 황포항)

꽃지해변 - 국사봉 - 샛별해변 - 황포항
총거리 13km / 소요 시간 약 4시간

소나무숲이 있어 피톤치드와 해변의 시원한 바람을 만끽하며 걸을 수 있는 길이다. 샛별길 코스를 거꾸로 걸어 꽃지해변에서 트래킹을

끝내면 시간에 따라 꽃지해변의 환상적인 낙조를 감상할 수 있다.

꽃지해변(할미할아비바위)

꽃지해수욕장은 긴 해변을 따라 해당화와 매화가 피어나는 것이 '꽃연못' 같다 하여 붙여진 이름이다. 해변가에 우뚝 서 있는 할미할아비바위 사이로 노을이 질 때면 더없는 장관이 펼쳐지는 서해 3대 낙조 명소로 잘 알려져 있다.

국사봉

국사봉은 조선 시대 봉화대가 있던 곳으로, 안면도에서 가장 높은 봉우리다. 전망이 탁 트여 맑은 날에는 서산 팔봉면의 팔봉산이 시야에 들어오고, 멀게는 중국까지 희미하게 보인다.

샛별해변

아늑한 지세에 위치한 샛별해수욕장의 샛별처럼 반짝이는 조약돌, 동해안 못지않은 맑은 물, 깨끗한 모래사장은 주변 경관과 절묘한 조화를 이룬다. 다만 바로 옆에 위치한 쌀썩은여 부근은 바위가 많으므로 조심해야 한다. 또한 요즘은 바다에도 종패(씨를 받기 위해 기르는 조개)를 뿌리고 어민들이 관리하므로 함부로 들어가면 안 된다.

황포항

황포黃浦는 '홍수로 갯벌에 누런 황토물이 흐른다'는 데서 지명이 유래한 곳이다. 그렇지만 지금은 해안을 따라 설치된 방조제로 인해 유입되는 민물이 적어 황톳물을 보기는 어려워졌다.

3. 바람길(황포항에서 영목항)

황포항 - 바람아래해변 - 고남패총박물관 - 영목항

총거리 16km / 소요 시간 약 5시간

황포항을 시작으로 운여해변, 장삼해변, 장동해변, 바람아래해변 등 안면도의 최남단 해변을 만끽할 수 있는 길이다. 각각의 해변으로 가는 길에 작은 언덕이 있지만, 대체로 길이 평탄해서 초보자도 어렵지 않게 걸을 수 있다.

운여해변

운여해변은 앞바다가 넓게 트이고, 은빛의 고운 규사로 이루어진 백사장이 펼쳐져 경관이 매우 빼어난 곳이다. 이곳 백사장의 모래는 유리의 원료로 사용되어 한국유리의 규사채취장이 있다.

장삼포

장삼포라는 지명은 장곡 3구에 위치한 데서 연유한다. 다른 이름으로는 '대숙밭'으로도 불리는데, 대숙(고둥의 일종)을 먹은 껍질이 밭을 이루고 있다는 의미에서 붙여진 이름이다.

장곡

해안선이 길고 간만의 차이가 심한 장곡리는 과거에 염전이 성행하던 곳으로, 아이들과 함께 염전 체험학습을 하기에 최적의 장소다. 넓은 개펄에 바둑판처럼 반듯하게 조성된 염전과 소금더미가 빚어내는 풍광이 장관을 이룬다.

바람아래해변

'바람아래'는 마치 사막과 같은 모래언덕 아래로 바람도 비껴간다고 하여 붙여진 이름이다. 이곳은 2급 멸종위기종인 표범장지뱀이 서식하여 특별보호구역으로 관리되고 있다.

옷점항(조개부리마을)

옷점항은 인근 군산항과 옷감을 활발히 교역하던 곳이다. 또한 매년 정월 대보름이면 주민들이 마을의 안녕과 풍어를 기원하는 '조개부르기' 제사를 지냈다고 하여 '조개부리마을'이라고도 한다.

가경주

가경주는 '아름다운[佳] 경치의[景] 마을[州]'이라는 이름만큼이나 경관이 아름답고 자연경관이 수려한 곳이다. 마을 앞 바다를 오가는 배들을 보고 있노라면 한 폭의 그림을 보는 듯하다.

만수동

만수동은 밀물이 가장 높은 사리 때 마치 마을이 물[水]로 꽉 차[滿] 있는 것처럼 보인다고 하여 붙여진 지명이다. 장수하는 마을이라는 뜻에서 '만수萬壽골'로 불렸다는 이야기도 있다.

영목항

태안 해변길의 남쪽 끝에 위치한 영목은 항구로 널리 알려진 포구마을이다. 영목항은 물살이 세서 이곳에서 나는 생선회는 그 맛이 최고라고 한다.

이에 더하여 충남 태안군이 천혜의 자연경관을 자랑하는 안면도에 명품 둘레길 조성을 추진하고 있다. 천수만과 맞닿은 태안군 안면읍 고남면 영목항부터 남면 당암항 구간까지(52.8km) 걸어서 일주가 가능한 둘레길을 조성하는 것으로, 2022년 말 완공될 예정이다.

제1코스(당암항~우포나루터)는 '오감만족길'을 테마로 태안 농수산물 장터(로컬푸드직매장)와 연계해 사계절 태안특산물을 체험할 수 있도록 하고, 제2코스(우포나루터~안면암)는 '가을놀길'을 테마로 갈대숲을 활용한 가을 경관 특화구간으로 조성한다. 제3코스(안면암~두산염전) '봄향기길'은 튤립과 알리움 등 초화류를 심어 아름다운 경관을 뽐내는 길로 만들고, 제4코스(두산염전~대야도 어촌체험마을) '푸른 바닷길'은 바다낚시, 조개 잡기 등 다양한 바다 체험을 통해 신선한 해산물을 맛보고 해안 경관을 즐길 수 있는 구간으로 조성한다. 제5코스(대야도 어촌체험마을~영목항)는 '새싹길'을 테마로 곰솔림, 논·밭 경작지 등 다양한 자연경관을 감상할 수 있는 길로 만든다.

특히 둘레길 활성화를 위해 코스 곳곳에 상징조형물, 산책로, 출렁다리, 포토존 등을 설치하고 둘레길을 찾는 관광객들이 로컬푸드직매장, 식당, 숙박시설 등에서 사용할 수 있는 코인을 제조, 유통해 지역경제를 활성화할 계획이다. 안면도 둘레길이 모두 개통되면 가히 세계에서 손꼽히는 둘레길이 될 것이다.

충청남도
국가지방정원 1호

2023년 안면도에 국가지방정원 1호가 개장할 예정이다. 충청남도가 태안군 안면읍 중장리 14-207번지 일원에 약 3만 제곱미터 규모의 국가지방정원 1호를 건설하는 중이다.

안면도지방정원이 완공되면 안면도 자연휴양림, 수목원과 연계한 산림휴양 복합단지가 조성되어 정원문화산업을 확산시키는 전초기지가 될 것으로 기대된다.

휴게정원, 치유정원, 테마정원 등을 조성하는 1단계 사업이 끝나면 바로 뒤이어 백제 문화 요소를 도입한 한국식 정원인 비제원 등의 주제정원과 주차장, 가든센터 등 기반시설을 설치하는 2단계 사업을 전개할 예정이다.

휴게정원은 2,710제곱미터 규모로 안면송으로 채운 '입구정원'과 미니정원 형식의 '포켓가든', 조형분수에서 나오는 청량감 넘치는 '물의정원'으로 꾸민다.

치유정원은 팽나무와 철쭉류를 심은 이벤트 공간인 '바람의 언덕'과 수변식물과 아이리스 군락의 '습지원', 아름다운 산책로인 '초화

2023년 개장 예정인 안면도지방정원

원', '야생화언덕', '그라스원' 등으로 꾸민다.

테마정원은 색색의 꽃이 가득한 '컬러 가든', '숲속 놀이터', 예술작품을 정원에 접목한 '아트포레스트', 전시·체험형 공간 '맛있는 뜰', '자연을 담은 뜰', '주렁주렁 뜰'로 다양하게 꾸밀 계획이라고 한다.

새로 개장하는 안면도지방정원은 자연과 바다가 어우러진 하나의 공원인 안면도의 아름다움을 한껏 드러내는 안면도의 축소판이라고 할 수 있다.

안면도에 역사를 묻다

2. 안면도의 역사

안면도를 사랑하려거든
안면도 역사를 알아라!

대표적인 민족사학자 단재 신채호 선생은 후대에게 이렇게 일갈했다.

"자신의 나라를 사랑하려거든 역사를 읽어야 하며, 다른 사람에게 나라를 사랑하게 하려거든 역사를 읽게 해라!"

"역사는 미래의 거울"이라는 말이 있다. 우리가 직접 경험하지 못한 과거의 삶에 대한 기록인 역사를 통해 미래를 전망하고 예측할 수 있다는 말이다.

나는 존경하는 신채호 선생의 말씀을 빌려 감히 '안면도를 사랑하려거든 안면도의 역사를 알아야 한다'는 생각을 바탕으로 안면도의 기억과 안면도의 기록을 샅샅이 살폈다.

섬이 아닌데도 섬으로 불린 안면도, 최초의 운하가 생긴 안면도, 섬이었다가 다시 육지와 연결된 안면도, 우리나라 최대의 어항이라 할 수 있는 어족 자원의 보고 천수만, 안면도 소나무 안면송의 시대적 변천사, 통째로 일본인에게 팔렸던 섬 안면도……. 안면도에 깃든 수많은 역사 속으로 들어가보자.

안면도는 한반도에서 여섯째로 큰 섬으로 북쪽은 안면대교를 사이에 두고 태안군 남면 신온리와 경계를 이루고, 동쪽은 천수만의 한 축을 형성하면서 서쪽은 황해와 접해 있고, 남쪽은 안면도의 최남단인 고남면 영목항으로 뻗어 있다.

안면도의 지세를 살펴보면, 태안의 백화산 줄기가 남면을 지나 안면도로 진입하여 창기리에서 국사봉(해발 107m)을 낳고, 다시 정당리를 경유하여 승언리 읍사무소 뒤편에 당산을 낳았다. 당산은 중장리를 지나 신야리로 뻗어 내려 또 하나의 봉우리를 낳았으니 안면도에서 가장 높은 국사봉(해발 108m)으로, 이곳에 국사당과 봉수대가 있었다.

언제부터 안면도에 사람이 살기 시작했을까? 안면도 남단 고남면 안면대로 4270-6번지에 있는 고남패총박물관에는 고남면 패총에서 출토, 수집한 유물을 중심으로 신석기시대와 청동기시대의 토기와 석기 등이 전시되어 있다. 패총(조개껍데기가 쌓여서 형성된 무더기)군이 발견된 곳은 고남면 고남리 영목 월고지, 고남리 옷점, 고남리 감나무골 1-5호, 고남리 발화지 1~4호, 누동리 닭섬·신야리 항개 등이다. 또한 고남면 고남리에서는 청동기시대의 대표적인 유적인 고인돌(지석묘)이 발견되었다. 이러한 유물들을 분석해볼 때 안면도에는 기원전 약 8000년 전인 신석기시대(빗살무늬토기 시대)부터 사람이 거주한 것으로 추정된다.

고남패총박물관

　삼한시대에는 78개의 작은 국가들이 있었는데 지금의 경기도와 충청도, 전라도 지방에 걸쳐 있던 마한에 54개국이 속해 있었고, 진한과 변한에 각각 12개국이 속해 있었다. 서산과 태안 지방에는 4개국이 있었는데 지곡면 일대의 치리국국, 인지면 일대의 임소반국, 태안읍 일대의 신소도국, 고남면 일대의 고랍국이다.

　삼한시대가 물러가고 고구려, 백제, 신라의 삼국이 세워졌고, 백제 근초고왕 때 백제가 마한을 완전히 통합하면서 안면도는 백제에 속하게 되었다.

통일신라시대에는 신라가 당나라와 나당동맹을 맺고 660년에 백제를, 668년에는 고구려를 평정해 삼국을 통일하고 문무왕 16년(676)에는 당나라 세력까지 격퇴했다. 그 후 신라는 옛 백제 땅에 3주를 설치했는데 충청도는 웅천주熊川州에 속했다. 주 밑에는 군郡, 현縣을 두었는데 안면도는 소태현(蘇泰縣, 태안 지역)에 속해 있었다.

고려 시대 충선왕 때(1310) 안면도는 소태현(태안지방)에 예속되어 최하위 지방행정체제인 향鄕, 소所, 부곡部曲 중 광지향(승언 7리)과 안면소(장문으로 추정)가 있었다.

고려 시대 인종 13년(1135) 몽고군의 침입으로 몽고와 화의和議를 맺은 후 강화도에서 송도로 환도하려 했다. 그러자 삼별초(좌별초·우별초·신의군) 부장 배중손이 반몽 무인정권을 수립하고 왕족인 승화후承化侯 왕온王溫을 왕으로 옹립했다. 배중손은 삼별초군과 배 100여 척을 이끌고 강화도에서 남하하여 안면도에서 수개월을 주둔하며 군마를 기르고 구국의 의지를 다졌다.

지명으로 볼 때 삼별초군이 주둔한 지역은 중장리의 둔두리, 유황맞이, 병술안 등으로 추정된다. 실제로 유왕맞이라고 부르던 지명은 '어린 왕을 맞은 곳'이란 뜻으로, 유황맞이가 원래 어원이다.

조선 영조 때 황도리는 홍주목으로 고북면에 속했으며, 창기리와 정당리는 태안군 남면에 속했고, 승언리·중장리·신야리·의점·고남 등은 서산군에 속하여 안면면이라 칭했다.

1895년(고종 32)에 지방관제가 개정됨에 따라 태안군에 속해 있다가 1914년 일제강점기에 안상면과 안하면을 합병하여 안면면으로 통합되어 서산군에 편입되었다. 해방과 더불어 정부수립 이후 당시 행정구역체제를 계속 유지해오다 1972년 고남출장소를 설치했다. 1980년 12월 1일 대통령령 제10050호에 의거 안면읍으로 승격되었으며, 1986년 4월 1일 고남출장소가 고남면으로 승격되었다. 1989년 1월 1일 법률 제4050호에 의거, 태안군으로 복군되어 오늘에 이르고 있다.

안면이라는
지명의 유래

조선 시대 향소부곡鄕所部曲에 안면이라는 이름이 처음 등장한다. 향소부곡은 신라시대부터 조선 시대 초기까지 있었던 특수한 지방 하급 행정 구획인 향, 소, 부곡을 아울러 일컫는 말인데, 이곳에 사는 주민들의 신분은 대개 노비나 천민이었다. 향소부곡에서 소는 수공업(목기류, 사기류, 제염 제조)을 하는 집단으로,《동국여지승람東國輿地勝覽》(1481)에 '안면소'라는 이름이 처음으로 등장한다. 이 기록엔 "안면곶安眠串 : 고안면소安眠所 본군남백리유목장"으로 표기되어 있다. 서산에서 100리 길 남쪽에 안면소가 있고, 부근에 목장이 있다는 것이다.

안면소가 있던 위치는 지금의 장문과 마당터로 알려져 있는데, 마당터는 지금의 안면초등학교 부근이고, 장문은 승언리 시장으로 넘어가는 고개 부근으로 추정된다.

또한 "광지향廣地鄕 : 고군남93리안면소"라는 표기도 있는데, 광지향은 지금의 승언리 7구 광지마을(넓은 마을이라는 뜻)이다.《안면도지》(126)를 보면 승언리 7구 주민 박충식 씨의 문중 족보에서 광지가 있던 위치를 발견했다고 나와 있다. 이러한 문헌으로 미루어 보건대, 안면이라는 이름은 대략 540여 년간 사용되었음을 알 수 있다.

《성종실록》 2권에도 "서산瑞山의 안면곶安眠串에는 본래 방목한 말이 354두였는데 고실(사고로 잃은 것)이 39두, 범이 잡아먹은 것이 8두이며, 홍주洪州의 원산도元山島에는 본래 방목한 말이 122두였는데 유실이 10두이며"라는 기록이 있다.

조선 성종 때 노사신盧思愼 등이 편찬한 지리서인《동국여지승람》에도 '안면곶'으로 표기되어 있다. 곶串은 바다 쪽으로 좁고 길게 내민 땅, 즉 '소반도'를 뜻하는 것으로 보인다.

안면도는 섬이 아니라 고려 때 '안면소安眠所', 조선 초기까지도 '안면곶安眠串'으로 불린 반도였음을 알 수 있다.

조선 후기의 문신 박용대朴容大가 편술한《증보문헌비고增補文獻備考》(453쪽)를 보면, 고려 시대에 이곳에서 기른 재목으로 배를 만들었으며 궁궐의 건축 또는 보수에 널리 쓰이는 송림과 잡림이 우거져 있다는 기록이 있다. 이와 관련해《안면도지》에서는 안면의 면眠이란 글자가 '우거질 면眠'이라는 뜻도 포함하고 있다고 설명한다.

《세종실록지리지》에도 광지향과 안면소라는 지명이 등장한다.《세종실록》 149권, 〈지리지 충청도 홍주목 서산군〉을 보면, "토성土姓이 5이니, 유柳·송宋·두杜·문文·전全이요, …… 없어진 광지향廣地鄕의 속성이 1이니, 염廉이요, 없어진 안면소安眠所의 성이 1이니, 유柳요"라고 나와 있다. 이로써 광지향의 염씨와 안면소의 유씨들이 안면도의 토착 성씨임을 알 수 있다.

또한 조선 시대의 목장 분포 상황을 기재한《증보문헌비고》를 보

안면도에 역사를 묻다

면, 안면도에 상당한 면적의 목장이 존재했는데 그것을 폐쇄했다는 기록이 있다. 조선 시대에 말 목장(소 목장 포함)은 육지에 있는 일부를 제외하고는 대부분 섬이나 바닷가에서 뾰족하게 내민 땅인 곶串에 설치되어 있었다.

조운의 편리를 위해
섬으로 만든 안면도

　조선 시대에 안면도 부근은 해상운송의 주요 수단인 조운로에서 가장 험난한 해로 중 한 곳이었다. 조운이란 전국에서 조세로 징수한 미곡·면포 등을 일정한 장소에 수집했다가 선박을 이용하여 한양이나 개성으로 운반하는 것을 말한다. 육상 교통로가 제대로 구축되기 이전에 해상을 통한 물자의 운송은 가장 중요한 운송 수단이었다.

　안면도 승언 6리에는 조군막터漕軍幕址라는 지명이 있다. 조운선이 운행될 때 조군(漕軍, 고려와 조선 시대에 조운 활동에 종사하던 선원)이 머물던 막사의 터가 있어서 이렇게 불렸다고 한다. 경상도, 전라도, 충청도의 삼남지방에서 생산되는 곡류를 비롯한 물류는 대부분 서해 연안 해로를 따라 태안반도를 거쳐 한양과 개성으로 운반되었다. 그런데 태안반도의 안흥 부근은 암초가 많고 풍랑이 심해서 난파사고가 잦았다. 그중에서도 돌출된 암반이 많고 해류가 급한 '쌀썩은여'와 태안 안흥량安興梁은 전라도 울돌목鳴梁, 강화의 손돌목과 함께 가장 대표적인 위험 지역으로, 해난 사고가 빈번하게 발생했다. 하도 사고가 잦아서 안흥량은 배가 다니기 어려운 길이라는 뜻으로 난행량難行梁이라 부르기도 했다.

이를 극복하고자 고려 숙종과 예종 때 운하를 뚫으려고 시도했다. 1134년(인종 12) 7월에는 인종이 정습명鄭襲明을 파견하여 태안 및 인근 지역에서 인력 수천 명을 동원하여 태안에 있는 인평저수지와 팔봉면 어송리를 관통하는 운하를 만들도록 했다. 그러나 물 밑에 암반이 있고 또 하루에 두 번씩 썰물과 밀물이 있어서 썰물 때 간신히 운하를 파놓으면 밀물 때 다시 메워져 성공하지 못했다. 1391년(공양왕 3)에 왕강王康의 건의에 따라 굴포운하 개착 공사를 재개했으나 이 역시 성공하지 못했다.

조선 건국 이후 1412년(태종 12)에 다시 운하 건설을 논의하기 시작해 여러 방법을 강구해보았으나 역시 암반을 제거할 길이 없어서 중단되었다. 1413년(태종 13)에 운하가 일부 완공되었는데 처음에는 저수지를 계단식으로 조성하여 물길을 연결하는 갑문식으로 만들었다. 그렇지만 일부 구간은 작은 배 한 척이 겨우 다닐 정도고 조수 간만의 차가 커서 실제로 배가 다니는 일수도 적었다. 고려 때부터 조선시대까지 무려 530여 년간 계속 운하를 건설하려 했지만 결국 전체 7킬로미터 구간 중 4킬로미터 구간만 뚫고 나머지는 완공하지 못했다.

이를 굴포운하掘浦運河라고 하는데 태안군 이북면 도내리에 운하 유적의 일부가 남아 있다. 높이는 제일 낮은 곳이 3미터이고, 제일 높은 곳은 50미터 정도다. 현재 문화재로 지정되지 않아 훼손이 진행 중이며 자연 하천, 논밭 등의 경작지로 사용되는 부분도 많다.

굴포운하와 판목운하

원래 섬이 아니었던 안면도는 17세기에 조운선의 난파를 방지하고 뱃길을 단축할 목적으로 운하를 굴착하면서 육지와 떨어진 섬이 되어 섬 도島 자가 붙어 안면도安眠島가 되었다.

조선 16대 임금인 인조(1623~1649) 때 안면곶의 2/5지점이자 가장 좁은 목인 굴항포 또는 목판개라는 곳을 잘라 안면도를 섬으로 만들었다. 지금의 안면읍 창기리와 남면 신온리 드르니항 사이에 운하를 팠는데, 바로 안면도 사람들이 판목이라고 부르는 운하다. 인조 때 태안의 아전 방경잠房景岑이 충청감영에 진정했고, 충청감사 김육 (1580~1658)이 운하 공사를 제안했다. 그리하여 인조 16년(1638)에 당시 영의정 김유가 안면곶 창기리 판목과 서북단 남면 신온리 드르니항 남단의 굴항포를 절단하는 운하공사를 명했다. 굴항포를 안면도 사람들은 '판목', '개목', '개미목'이라고 부른다.

이 덕분에 조운로가 무려 200여 리나 단축되었을 뿐 아니라, 이후부터 조운선들은 길게 뻗은 천수만 동쪽을 따라서 이 운하를 통해 백사장포구로 나가면 직접 서해로 통할 수 있었고 뱃길이 가장 험난하기로 악명 높은 '쌀썩은여'를 피해 갈 수 있었다.

충청감사를 지낸 김육은 당파를 뛰어넘어 많은 사람들의 반대에도 불구하고 대동법을 시행하고 동전을 유통시킨 제도개혁의 선구자였다. 이 운하를 건설하자는 김육의 제안 덕분에 수많은 조운선들이 쌀썩은여를 거치지 않고 난파를 면할 수 있었다.

관장목

판목운하

안흥량

굴포운하

종전 항로

원산도

태안 해역의 조운로

안면도,
다시 육지로

판목운하가 만들어지면서 안면도는 섬이 되어, 주민들은 마을별로 각각의 장배(시장의 상인이나 물건을 실어 나르는 배)를 이용하여 육지와 왕래했다. 안면도의 북부 지역 창기리에서는 우포나루에서 창리로 작은 목선을 타고 장에 다녔고, 중부 지역은 승언 5구의 독개에서 남동부에 위치한 홍성군의 광천(독배 또는 옹암포라고 한다)으로 장을 보러 다녔다. 고남에는 누동 1·2구에 장배가 있었는데, 누동 1구는 할미섬에서 누동 2구는 장곰에서 장배를 탔다. 영목항, 구매항, 옷점항에도 각각의 마을로 가는 장배가 있었다고 한다. 장배로 사용한 배는 처음에는 돛단배(범선)로 광천까지 두 시간가량 걸렸으나 후에 기계배로 교체되었다. 5일장은 광천 독배나 오천 또는 대천에서 열렸는데 장날에 맞춰 장배가 갔다. 다음 〈매일신보〉 기사(1932년 8월 29일자)를 보면 1932년 8월부터 안면도와 광천 지역을 오가는 발동선이 운행을 시작해 하루에 1회씩 운행했음을 알 수 있다.

안면도에 역사를 묻다

광천 안면도 간 발동선 연락

충남 서해안에 위치한 광천으로서 도선하는 고도인 안면도 간은 종래 범선으로 도선함으로써 불편함이 적지 않던바 근번 궁원청신宮園淸信 씨 경영으로 신식 발동선으로 매일 1회식 정기항해를 할 터이라는데 씨는 이전본도산업기수로 재직하여 동도제시정상은 물론 도민에 불편을 고려한 일이 있어서 퇴직과 동시에 이 사업을 지망케 된 것이다라는데 채금 등도 안가봉사安價奉仕적으로 항해를 개시케 된바 부근 제도의 발전상 막대한 행복이 되리라 한다.

안면도는 남북으로 길며 동서로는 좁아서 도로를 개설하기에 불리한 조건이다. 안면도 북단부터 영목까지는 1914년까지 우마차가 다닐 정도의 좁은 길밖에 없었다. 특히 고남리부터 중장리까지는 거의 절단된 것이나 다름없어서 주민의 왕래가 거의 없고 풀만 무성했다.

물류의 중심이 육상교통으로 바뀌자 서울로 가는 길이 광천보다는 태안이 편리해졌다. 1963년 11월 11일, 육상교통의 혜택을 받지 못한 안면도민 2만 1,000여 명을 대표한 1,078명이 해상교통을 위해 본래 섬이 아니었던 안면도가 섬이 되었으니 원래대로 육지가 될 수 있게 안면도와 태안을 잇는 연육교를 놓아달라고 정부에 청원서를 제출했다. 〈안면 연육교 가설 청원서〉의 수신처는 국가재건최고회의 의장, 내각수반, 내무부 장관, 건설부 장관, 충청남도 지사, 서산 군수였다. 그 후 각계의 타당성 조사를 거쳐 판목운하에 연육교를 착공하게 된 것이다. 이 공사는 당초 남면과 안면도를 직접 연결하는 물막이 공사로 시작하여 교각을 세우고 그 위에 다리를 세웠다. 길이가 19.2킬로미터인 안면 연육교는 1966년에 착공하여 4년 만인 1970년 12월 21일에 준공식을 했다. 연 동원 인원 11만 명에 총공사비 1억 6,154만 7,000원의 거액이 투입되었다.

연육교 준공으로 숙원 사업을 이룬 안면도 사람들은 자신들이 생산한 농수산물과 각종 공산품을 직거래하는 등 획기적으로 삶을 변화시켰다. 연육교가 생겼어도 판목운하를 통해서도 배가 자유롭게 오갈 수 있어서 해상 사고 발생 시 병원 이용이 편리한 데다 군사상으로 주요한 역할을 하게 되면서 안면도는 행정 기능이 강화되고 인적, 물적, 문화적 교류가 대폭 증가했다. 연육교가 생긴 이후부터 안면도 내 도로도 점차 개선되고 새로운 길도 생겼다. 그리하여 연육교 준공 후 20년 넘게 지난 1990년대 중반에 안면도 전체 주민들의 생활권이 안면읍 승언리를 중심으로 통합되었다.

안면읍의 오랜 숙원 사업인 육지를 연결하는 연육교 가설로 안면도가 획기적으로 발전할 수 있는 토대가 마련된 것이다.

역사를 생각하며 연육교를 걷다 보니, 충청 관찰사 김육의 시가 떠오른다. 안면반도를 안면도, 즉 섬으로 만은 장본인이 쓴 시다.

옛 역사 읽기가 나는 싫어
알고 나면 매번 눈물지네
어진 이 반드시 화를 입고
간신들이 도리어 출세하네

지난 일 이처럼 슬프거늘

하물며 오늘날에 있어서랴.

대쪽 같은 충청도 관찰사 김육이 목민관으로 봉직하며 느낀 당시의
암울한 세태를 풍자한 시구인데, 요즘 세태에도 여전히 적용되는 듯
하여 씁쓸하다.

3. 안면도의 해수욕장들

백사장해수욕장

안면대교를 건너 안면도에 들어서면 가장 먼저 만날 수 있는 해수욕장이다. 원래 '흰 모래밭'이라 하여 '백사지'라 부르다가 '백사장'으로 이름이 바뀌었다. 백사장 길이는 610미터고 폭은 30미터 정도이며, 고운 규사질로 된 은빛 모래가 끝없이 뻗어 있어 장관을 이룬다.

백사장해수욕장

안면도에 역사를 묻다

이 해수욕장의 모래는 자동차가 그냥 지나가도 될 정도로 매우 단단해서 피서 철이면 오토캠핑을 즐기는 이들에게 인기가 높다.

백사장해수욕장 옆에 있는 백사장포구는 봄부터 늦가을까지 고깃배 수백 척이 드나드는 곳이다. 특히 이곳의 자연산 대하는 맛이 좋기로 아주 유명하여 가을 대하 철에는 안면도 전체가 교통 체증으로 몸살을 앓을 만큼 많은 인파가 몰린다.

삼봉해수욕장

1985년 처음 개장한 삼봉해수욕장은 세 개의 봉우리가 있어서 붙여진 이름이다. 남면과 안면읍을 연결하는 연육교 남쪽 3킬로미터 지점에 위치한 삼봉해수욕장은 백사장이 넓고 모래가 고우며 해당화가 아름답고 교통도 편리해서 찾는 사람이 많다. 썰물 때면 갯바위가 드러나 고둥, 조개, 게, 말미잘 등을 잡으며 해산물을 채취할 수 있어 자

삼봉해수욕장

안면도에 역사를 묻다

연학습장으로도 안성맞춤이다. 아이들과 소나무밭에서 야영도 할 수 있어서 가족 피서지로도 그만이다. 세 자매의 전설이 깃든 삼봉의 유래를 알고 간다면 더 의미 있는 곳이 될 것이다.

기지포해수욕장

기지포해수욕장은 창기리에 위치한다. 고운 모래로 이루어진 해변의 길이는 1,300미터, 폭은 40미터 정도다. 해안생태계를 한눈에 관찰할 수 있는 자연관찰로가 조성되어 있어 아이를 동반한 탐방객들에겐 휴양과 자연학습을 함께 할 수 있는 안성맞춤 코스다.

기지포해수욕장

안면도에 역사를 묻다

안면해수욕장

정당리에 있는 안면해수욕장은 안면도에서 가장 넓은 백사장과 매우 넓은 모래 해안선을 자랑한다. 넓고 탁 트인 모래사장이 특징이다. 한눈에 망망한 서해가 바라보이고 푸른 물결이 하늘과 맞닿아 수평선도 장관이다.

안면해수욕장

해 질 무렵에는 망망대해 위에 내파수도, 나치도 같은 섬과 낙조가 어우러져 한 폭의 그림 같은 풍경을 즐길 수 있다. 눈앞에 펼쳐진 넓은 백사장과 바다, 바다 위 섬들을 바라보노라면 신선이 부럽지 않을 정도다. 주변에 종주여(일명 기차바위) 등 갯바위 낚시를 즐길 만한 장소도 있고, 바닷물이 많이 빠지는 사리 때가 되면 게와 고둥 등 잡을 거리가 해변에 풍성하다.

예전에는 '한국유리공업 안면도 정사소'가 이곳에 있어서 유리의 원료인 규사를 채취했다. 안면도의 모래는 얼굴에 문질러도 부드러울 만큼 곱다. 원래 안면해수욕장 뒤에 거대한 모래산이 있었는데 한국유리에서 실어가서 지금은 백사장만 남아 있다고 한다.

밧개해수욕장

안면삼거리에서 오른쪽으로 약 2킬로미터 지점에 있는 밧개해수욕
장은 삼봉해수욕장과 같은 해인 1985년에 개장했다. 해마다 약 6만
명의 관광객이 이곳을 찾아오는데, 바닷물이 깨끗하고 해변이 완만하
여 어패류와 해초가 다양하게 서식하는 등 바다생물 체험장으로도 손
색이 없다.

특히 드넓은 모래사장은 규사로 이루어져 모래의 질이 좋으며 주변

밧개해수욕장

두여해수욕장

에 소나무 숲이 있어 텐트를 치기에 좋은 데다가, 진입로를 중심으로 민박집이 들어서 있어 숙박이 편리하다.

가까운 곳에 삼봉, 기지포, 안면해수욕장, 두여해수욕장 등과 안면도 자연휴양림이 있어 다채로운 체험을 즐길 수 있다.

안면도에 역사를 묻다

두에기해수욕장

안면읍에서 약 1킬로미터 떨어진 곳에 있는 두에기해수욕장은 밀물이나 썰물 때 자갈이 물결에 부딪치는 독특한 소리로 유명하다. 양쪽 해변 끝으로 갯바위가 많아 갯바위 낚시를 즐기기에도 좋다. 주변에 바위가 많아 만조 시에는 해수욕을 할 때 조심해야 하지만 썰물 때에는 해수욕을 문제없이 즐길 수 있다.

바닷가 풍광을 고스란히 간직하고 있는 두에기해수욕장은 휴식이 필요하거나 조용한 곳을 좋아하는 사람들에게 추천한다.

두에기해수욕장의 갯바위

방포해수욕장

　방포해수욕장은 안면도에서 가장 역사가 깊은 해수욕장이다. 〈매일신보〉 1936년 7월 26일자에 방포해수욕장의 개장을 알리는 기사가 실려 있는데, 상당히 낯선 당시 한글 표기가 84년의 역사를 말해준다.

　안면도 방포에 해수욕장 개설

　충청남도 서산군 태안에서 약 5리에 있는 안면도는 교통상 혜택을 입지 못하야 정숙한 일개의 도서로서 그다지 인적의 잡답을 보지 못하고 오랫동안 침묵을 직혀 오든 바 근일에 즈음하야 동도 승언리(면소재지)에서 약 10정町가량 떨어져 있는 방포에 원사천난으로 복정여福井餘정장町長 일정一町에 달하는 맞치 경북포항과 비등한 해수욕장을 발견하고 금년부터 도로를 개수하야 정기 자동차를 통행하도록 한다는데 아직은 대체자동차가 왕래하고 잇슬 뿐이라 하며 이 방포해수욕장 부근에는 수질자량한 감천이 잇서 음료수에 적당할 뿐만 안이라 욕후 해수의 염분을 세척하기에 편하다 한다. 이 욕장은 불원한 장래에 조선우수의 해수욕장으로 면목의

방포해수욕장

요려할 날이 도래하리라 한다.

이미 일제강점기에 안면도 내 해수욕장의 우수성이 부각되어 방포 해수욕장 개설 시에 자동차도로를 개설했음을 알 수 있다. 특히 염분을 씻어줄 샘물의 존재를 알려주고, 머지않아 조선의 우수한 해수욕장으로 발돋움할 것이라고 한 점이 흥미롭다. 〈매일신보〉 1939년 2월 16일자에는 안면해수욕장(방포)이 서산 8경의 하나로 선정되어 탐방객을 끌어들이고 있다는 기사도 있다.

방포해수욕장은 승언리 8구 방포 해안에 있는데, 파도에 밀려온 조약돌이 자연제방을 이룬 해변이 특이하다. 길이가 900미터 정도 되는 작은 규모지만 해수욕장 양쪽에 바다로 길게 벋어나간 바위가 있고 해수욕장 남쪽 200미터 지점에는 방포포구가 있다. 방포포구에서 싱싱한 해삼, 전복, 우럭 같은 온갖 해산물을 맛볼 수 있고, 서해안의 3대 낙조 명소인 할미바위와 할아비바위가 왼편에 자리하고 있다. 아래는 〈사랑 맺은 방포〉라는 노래의 가사다.

먼동이 트기 전에 떠나가는 쌍돛대
새벽 별 이슬아래 안타까운 아가씨
폭풍아 막지 마라 님 계신 뱃머리를
안개 내린 안면도에 사랑 맺은 방포

갈매기 나래 끝에 모여드는 쌍돛대
손꼽아 기다리던 눈물 어린 아가씨
진홍 댕기 입에 물고 님 생각 애달파라
안개 내린 안면도에 사랑 맺은 방포

작자 미상인 이 곡은 어떤 사람이 방포에 왔다가 경치에 매료되어 작사, 작곡한 것으로 전해진다. 안면도 젊은이들 사이에서 구전으로 전해오다가 1947년에 편준식 편수, 김진환 전주곡, 김상배의 노래로 완성되었다. 1958년 8월 재경안우회에서 지방 가요를 수집하기 시작했는데 원곡을 찾기 어려웠다고 한다.

안면도에 역사를 묻다

꽃지해수욕장

1989년에 개장한 꽃지해수욕장은 안면도의 중간 지점에 있다. 꽃지해수욕장은 안면도에서 두 번째로 넓은 해수욕장으로, 드넓은 백사장이 유명하다. 면적은 12만 8,000제곱미터, 길이는 3.2킬로미터, 폭은 40미터, 경사는 3도, 안정 수면 거리는 300미터다.

꽃지해수욕장과 꽃다리

백사장의 경사가 완만하고 수심이 얕고 온도도 알맞은 데다 물도 깨끗하고 주변에 소나무 숲이 우거져 있어 안면도에서 피서객이 가장 많이 몰리는 곳이다. 해마다 100만 명이 넘는 피서객들이 이곳을 찾는다. 물이 빠지면 갯바위가 드러나 조개, 고둥, 게, 말미잘 등을 잡을 수 있다. 특히 오른편에는 전국에서 낙조로 가장 유명한 명소인 할미바위와 할아비바위가 있어서 연중 사진작가들이 최고의 낙조 풍경을 담고자 많이 찾는다. 2002년과 2009년 안면도 국제꽃박람회가 꽃지에서 개최되어 큰 인기를 얻었다.

안면도에 역사를 묻다

샛별해수욕장

안면읍에서 남쪽으로 5킬로미터 떨어져 있는 샛별해수욕장은 1988년에 개장했지만 개발이 제대로 이루어지지 않아 부대시설은 부족한 편이다. 해변의 바다 쪽은 모래, 육지 쪽은 조약돌과 자갈로 이루어져 있다. 덕분에 물빛이 푸르러 마치 동해에 온 듯한 느낌이 드는

샛별해수욕장

곳이다. 가까이에 외도가 있는데 운치가 있어서 가보고 싶은 충동을 자아낸다.

샛별이라는 아름다운 이름은 샛별(금성)과는 아무런 상관이 없고 간척사업으로 '새로 생긴 펄'이라는 뜻이다. 안면도의 해수욕장들이 대개 그렇듯이, 갯바위에서 고동과 굴을 딸 수도 있고 갯벌에서는 조개를 캘 수도 있어서 가족들과 즐기기에 좋다. 그러나 가는 길이 외지고 불편한 단점이 있다.

안면도에 역사를 묻다

황포와
운여해수욕장

    황포는 해수욕장보다 포구로 더 유명한 곳이다. 해변의 고운 모래밭 덕분에 바닷물이 항상 황금색이라서 황포라는 이름이 붙었다고도 하고 포구의 이름이라고도 한다. 모래사장 건너편 포구에서는 어선과 각종 어구들을 많이 볼 수 있고 싱싱한 해산물을 배에서 직접 구입해

황포항

운여해변의 소나무 숲

먹을 수도 있다. 한 가지 단점이라면, 도로가 외길이라 오가는 차량을
만나면 운전하기가 힘들다는 것이다.

운여해수욕장은 파도가 마치 하늘에 떠다니는 구름[雲]을 닮았다[如]
하여 붙여진 이름이다. 실제로 운여해변은 경사가 급하고 바위들이
많아 파도가 만드는 흰 포말들이 멀리서 보면 구름처럼 신비롭고 아
름답다. 거기다 운여해변에 방풍림으로 심어놓은 소나무 숲이 경치를
더욱 신비롭게 해준다.

안면도에 역사를 묻다

장곡해변, 장삼포해수욕장, 바람아래해수욕장

한적한 곳을 좋아하는 사람이라면 아늑하고 조용한 장곡해변을 추천한다. 잔돌이 많아 해수욕을 즐기기에는 다소 불편하지만 아이들과 함께 돌밭에 사는 게나 고둥을 따는 재미를 느끼기에는 좋다.

더 아래쪽에 위치한 장삼포해수욕장은 너른 모래톱이 완만하다. 한

장곡해수욕장

장삼포해수욕장(위) / 바람아래해변(아래)

안면도에 역사를 묻다

적한 시골마을을 가로지르는 풍경도 좋고 해변의 모래톱을 지나 고둥이나 조개를 캘 수도 있다. 게다가 텐트를 칠 수 있는 소나무 숲도 있어서 다양한 놀이를 즐기기에도 좋다.

바람아래해수욕장은 안면도 최남단에 위치한 해수욕장이다. 태안 고남면에 있는 바람아래해변은 그 이름만큼이나 해변의 풍경도 예쁘다. '바람아래'는 마치 사막과 같은 모래언덕 아래로 바람도 비켜 간다고 하여 붙여진 이름이다. 주변에 소나무 숲이 있어 캠핑을 즐기며 조개, 골뱅이, 맛조개 등을 잡는 갯벌체험도 할 수 있어서 가족 단위의 자연체험 학습장으로도 인기가 높다.

4. 안면도와 전쟁

삼별초

    삼별초는 고려 고종 때 설치한 특수부대인 좌별초, 우별초, 신의군을 아울러 이르는 말로, 최씨 무인 집권 시기에 정권 유지에 기여했을 뿐만 아니라 대몽 항전기에 눈부신 활약을 했다.

    원종 11년(1270), 삼별초 부대는 대몽 항쟁을 위해 몇 달 동안 안면도에 주둔했다. 구전에 따르면 "둔두리 일대에 별초군이 주둔하여 싸움 연습을 했다"고 전해진다. 현재의 병술만, 둔두리 유황맞이 등의 지역인데 둔두리는 삼별초군의 본부가 있던 지역이며, 병술만에는 군사훈련장인 병술안兵術岸이 있었다. 병술만에 있던 군사훈련장 발검배拔劍培터에 지금은 청소년들의 캠핑장이 들어서 있는데, 정말로 군사들이 칼을 빼들고 훈련을 하는 기합 소리가 들리는 듯한 착각을 불러일으킨다.

청일전쟁 초기
일본 군함의 근거지

청일전쟁은 동아시아 맹주 자리를 놓고 청나라와 일본이 조선 땅에서 벌인 전쟁이다. 청일전쟁은 1894년 아산만에 위치한 섬인 풍도 앞바다에서 일본 군함이 청나라 군함을 공격하며 시작되었다. 주전장은 중국의 뤼순이었고, 일본군은 1894년 뤼순에서 약 2만 명을 학살하는 끔찍한 잔혹성과 야만성을 보였다. 바로 뤼순 대학살이다. 뤼순 건너편 웨이하이의 유공도에서 일본이 승리를 거두며 청일전쟁은 끝났다.

안면도는 청일전쟁에서 풍도해전과 엮여 있다. 1894년 7월 19일, 일본 대본영 연합 사령관은 일본 본국에 "조선 서해안 해역을 통제하여, 조선 안면도 부근에 임시 근거지를 건립했다"고 연락한다.

중국 측 자료를 보면 일본이 임시 근거지를 건립한 곳은 효자도로 추정된다. 효자도는 영목항에서 원산도 왼편에 보이는 방조제 옆에 있는 비교적 큰 섬이다. 효자도와 영목항 주변은 바다가 깊고 원산도와 추섬 사이로 배가 은신하기 쉬운 위치이기도 하다. 1894년 7월 25일 새벽, 일본 해군은 안면도 서해 20해리 부근에 '팔중산'과 '무장호'를 대기시켰다가 풍도 앞바다로 진격하게 해서 청나라 선적을 기습

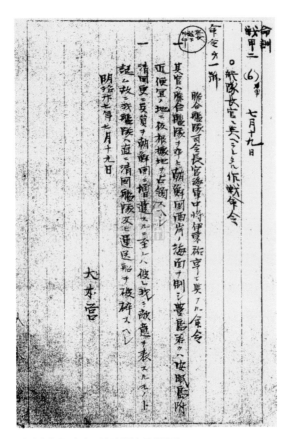

청일전쟁 초 안면도 관련 일본 군사밀지

공격했다.

　위 문서를 보면 청일전쟁 발발 전에 이미 일본은 안면도를 일주일 이상 탐색하며 선박을 정박시켰음을 알 수 있다. 아시아의 여러 나라를 불행 속에 빠뜨린 청일전쟁은 그렇게 안면도에서 첫 단추가 끼워졌다. 그리고 청일전쟁에서 승리한 일본의 지배권이 강화됨으로써 결국 대한제국이 경술국치를 당하기에 이른다.

의병이 있던
안면도

  의병은 나라가 외적의 침입을 받아 위급할 때 국가의 명령을 기다리지 않고 스스로 외적에 대항하여 싸우는 구국 군대라고 할 수 있다.

  1894년 12월 7일, 일본의 특명전권공사 이노우에 가오루井上馨는 영사대리 에이타키 규키치永瀧久吉에게 일본 배가 안면도 부근에 정박해 있다가 조선인의 습격을 받았다고 보고한다.

  부산항 행정幸町 이정목二丁目 구번지九番地에 사는 아라키 도라키치荒木虎吉 외 3명이 한 척의 일본 배를 타고 다른 한 척의 배와 함께 이곳 항구를 향해 부산항을 출항한 후, 지난달 22일 전라도 앞바다에서 음료수가 떨어져서 안면도 부근에 정박했다가 조선인의 습격을 받고 간신히 배를 빼내서 이곳 항구에 도착했습니다. 그러나 별지에 기재한 물품을 탈취당했다고 신고해왔기에 차제에 이곳 항구 감리에게 조회해봤으나, 도저히 만족할 만한 처리를 기대할 가망이 없습니다. 그러므로 별지 아라키 도라키치의 신고서를 보내드리오니, 귀관께서 될 수 있는 대로 잘 처리해주시기 바랍니다. 다만 본인은 곧바로 대동강 쪽을 향해 출범하겠으니 직접 일러

주시길 바라며 이것으로 회답드립니다.

1894년 12월 7일 특명전권공사 백작 이노우에 가오루

영사대리 에이타키 규키치 전^殿

(출처 :《주한일본공사관기록》1권, 경제167호, 〈안면도 부근 일선 피습 건〉)

또한 조선통감부 경무국에서 편집한 〈폭도_{暴徒}에 관한 편책_{編册}〉이라는 자료를 보면 "주재순사 안면도의 적을 격살"이라는 제목의 문서가 나온다. 1908년 3월 3일에 부통감, 총무장관대리, 대장, 북남부사령관, 헌병대장, 내부대신, 내부차관에게 보낸 문서인데, 태안군 안면도 승언리 부근을 의병이 내습했다는 정보를 받고 서산 주재순사가 2월 22일 출장하여 의병과 교전했다는 내용이다.

또 다른 문건도 있다. 1908년 6월 12일자 〈폭도에 관한 각도 관찰사 보고철〉을 보면, "한산, 청양, 태안군 내 폭도 토벌 건. 안면도 부근 해군력 희망 건"이라는 문서가 있다.

1908년 9월 10일에 작성된 문서도 있다. 작성자는 충청남도 관찰사 최정덕_{崔廷德}이고, 수신자는 내부대신 송병준_{宋秉畯}이다. 내용을 보면 다음과 같다.

9월 1일 한산군 남상면 농소리에 의병 5명 침입. 2일 청양군 남하면 문역리에 의병 약 15명이 내습. 3일 태안군 이원면 미방리 해안 홍주 헌병 분견소 헌병 및 보조원과 의병 약 25명이 충돌. 5일 정산 순사 주재소 순사가 시장 정찰 중 정산군 목면으로 통하는 통로격문을 발견. 안면도를 근

거로 의병이 빈번히 출몰하여 해군력을 늘릴 것을 희망.

《한국독립운동사자료》19에서는 1908년 8월 15일에 충남 감포분견소藍浦分遣所의 헌병 2명과 보조 10명이 8월 15일 태안군 안면도에서 약 60여 명의 적을 공격하여 7명을 쓰러뜨리고, 3명을 사로잡았으며, 총 3정 및 잡품 다수를 노획했다고 밝히고 있다. 또한 1908년 9월 29일에는 의병 30여 명이 안면도 중장리를 내습했다고 밝히고 있다.

한국은 역사적으로 외세의 침략을 많이 받았기에 민중이 스스로 외적에 맞서 싸우는 의병운동이 활발하게 일어났다. 멀리는 고구려와 백제 유민遺民의 국가부흥을 위한 의병 투쟁부터 가까이는 일제강점기 항일 의병에 이르기까지 많은 의병운동이 있었다. 특히 임진왜란(1592) 때와 1910년 국권피탈 전후에 의병운동이 가장 활발했다.

앞서 인용한 자료를 보면 1894년의 동학운동, 1908년의 정미의병운동 시기와 일본에 국권이 침탈당한 시기에 안면도에도 의병이 존재했음을 알 수 있다. 안면도 주민들도 일제에 맞서 분연히 저항했음을 확인할 수 있는 것이다.

안면도의
독립운동가들

　지역의 역사와 문화는 지역의 품격을 높이는 근간이며, 국가의 미래를 발전시키고 지평을 넓히는 주춧돌이다. 안면도의 자랑스러운 역사와 문화를 살펴보고 이를 알리는 일은 안면도민의 자긍심을 고취할 뿐만 아니라 안면도의 품격을 높이는 일이다. 또한 타 지역의 많은 이들에게 안면도에 대한 이해와 관심을 높여 안면도의 경제적 문화적 위상을 끌어올리는 데 기여하는 일이라고 생각한다. 그런 의미에서 안면도 출신의 대표적인 독립운동가 몇 분을 소개한다.

1. 독립운동가 가재창 지사

　독립운동가 가재창(賈在昌, 1897~1936)은 1919년 3·1운동 당시 안면도의 만세운동을 주도했으며, 이후 비밀결사인 대한독립청년단에 가입하여 활동했다. 대한독립청년단은 1919년 7월 상해임시정부를 지원할 목적으로 평양에서 조직한 대한국민회의 별동대다. 가재창은 1919년 이종헌, 오몽근(吳夢根, 1885~1948) 등과 함께 안면도에 대한독립청년단의 지단으로서 독립지단, 일명 결사단을 조직했다. 뜻을 함께하는 청년들을 모아 20여 명에 이르렀으며, 군자금 모금에 착수하여 250원의 군자금을 모았다. 1920년 3월에 일본 경찰에 체포되어 같은 해 10월 공주지방법원에서 정치범 처벌령 위반으로 징역 1년, 집행유예 2년 형을 언도받았다. 정부는 고인의 공훈을 기리고자 1990년 대한민국 건국훈장 애족장을 추서했다.

2. 애국지사 이종헌

애국지사 이종헌(李鍾憲, 1890~1957)은 고종 27년(1890) 4월 9일 태안군 안면읍 승언리 91번지에서 장남으로 태어났다. 어려서부터 유학에 입문하여 한학 공부를 하던 이종헌은 16세 때 한문 공부를 그만두고 우국지사 김병년金炳年이 안면읍에 낙향하여 세운 광영신숙廣英新塾 고등과에 입학한다. 1918년 본교를 졸업하고 이어 28세에 모교의 교사로 취임했다.

그 후 광영신숙 교장으로 취임한 이종헌은 대한독립결사단을 조직하고 단장이 되어 조국 광복을 위해 활동한다. 1919년 3월 1일 천지를 진동시킨 독립만세 시위가 일어나자, 이종헌은 이에 합세한다. 3월 6일 서산읍 야소耶蘇교회와 천도교회가 중심이 되어 독립만세를 부르니 순식간에 수천 명이 운집하여 대규모 시위를 펼쳤다. 이 같은 군민

애국지사 이종헌 추모비

의 대규모 시위에 용기를 얻은 이종헌 교장은 교직원, 학생, 그리고 애국 청년들과 함께 독립선언서를 낭독하고 더불어 만세 삼창을 소리 높여 외쳤다. 이종헌은 대한독립단 서산 지단장으로 추대되었다.

서대문형무소에서 4년을 복역한 이종헌 지사는 광복 후 초대 안면 면장으로 추대되어 고향 발전을 위해 애썼다. 1957년 6월 18일 향년 67세로 영면했다. 정부는 건국훈장 애족장을 1990년 12월 16일에 수여했다. 이종헌 지사의 묘소는 고남면 누동리에 있으며, 2020년 3월 1일 사단법인 애국지사이종헌선생선양회가 추모비를 건립했다.

3. 그 외 독립운동가들

1920년 4월 2일 조선총독부 경무국 고등경찰과에서 내각총리대신 하라 다카시原敬에게 보낸 〈독립자금모집자 검거에 관한 건〉이라는 제목의 문서를 보면, 대한독립청년단 안면도지단安眠島支團 단원피검團員被檢 자료가 있다. 17명의 명단 중 윤종정尹宗楨 대한독립청년단 단장, 이종성李鍾聲, 서병철(徐炳哲, 1893~1977), 이종헌, 가재창(승언리), 오몽근(창기리), 김정진(金正鎭, 1888~1969), 염성환廉成煥이 관련된 사실을 알 수 있다. 독립운동에 필요한 자금을 마련하여 임시정부 재무원인 김상옥(金尙沃, 1890~1923)에게 전달했다는 내용이다. 김상옥 열사는 종로경찰서에 폭탄을 투척한 애국지사로 서울 동숭동 대학로에 동상이 서 있다.

위 문서를 보면 이들이 국내외 항일운동 조직과 연계하여 활동을 전개했음을 알 수 있다. 당시 상해임시정부 요인 이시영李始榮의 수하인 공주 출신 독립운동가 이종성이 대한독립청년단 단장(수령) 윤종정의 지시를 받고 황해도, 경기도, 충청남도 등지를 왕래하며 활약하던 중 대한민국임시정부 재무관 서병철과 힘을 합하게 된다.

서병철은 고향인 서산군 해미면 억대리로 내려와 조선독립단 서산지부를 조직하기 위해 동지를 규합하던 중이었다. 이때 미국 하와이에서 조국 독립운동을 하던 이해수의 부인 유태길이 서산읍 장리에 사는 김병년에게 조선독립단 서산지부장이 되어달라고 간청했다. 김병년은 이미 칠십이 넘은 노쇠함을 이유로 간곡히 사양했다. 그 대신

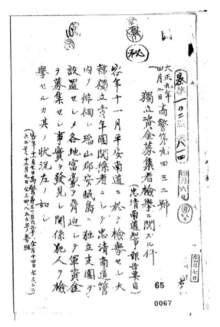
<독립자금 모집자 검거에 관한 건>

안면도에 있는 제자들을 소개했다. 유태길의 연락을 받은 서병철이 안면도로 왔고, 서병철은 당시 광영신숙 9대 교장이던 독립운동가 이종헌과 독립지사 오몽근, 가재창 선생 등을 만나 뜻을 같이하기로 맹세했다. 모두 광영신숙 1회 졸업생인 이들은 이종성을 초대 단장으로 추대하고 조선독립단 서산지부를 조직했다. 단장 이종성, 단원 서병철,

이종헌, 오몽근, 가재창, 염성환, 김정진(누동리) 등이다.

조선독립단 서산지부는 같은 단원이자 상해임시정부의 재무원인 서병철의 연통을 받고, 공주에서 온 이종성은 안면도에 내려와 독립운동 자금을 조달할 방법을 긴밀히 협의했다. 조성한 자금은 서병철과 김상옥에게 전달했다. 그러나 군자금 조성 중 이종성이 일본 경찰에게 노출되어 전원 체포되었다. 1920년 10월 18일 공주지방법원에서 이종헌이 2년 6월형, 가재창이 정치범 처벌령 반역으로 징역 1년에 집행유예 1년형을 받았다. 오몽근은 징역 1년에 집행유예 2년을 받았다. 김정진은 징역 2년을 받았다. 이로 인해 안면도가 일제의 사

고남시장

찰과 감시 대상 지역이 되었다.

충남 지역에서 발원한 3·1운동은 다른 지역의 귀감이 되기에 충분했다. 3월 2일 논산과 부여, 3월 3일 대전 인동과 예산에서 시작된 만세운동은 천안 아우내장터, 홍성 갈산, 장곡, 당진 정미, 서산으로 이어졌다. 만세운동에 나선 충남 도민들은 독립선언서와 유인물을 배포하고 독립의식을 고취했다. 충남 지역의 3·1운동은 면과 리를 넘어서 군과 도를 연계하는 연합 만세운동의 양상으로 발전했으며, 이러한 영향은 안면도에까지 영향을 미쳤다.

1919년 3월 1일부터 4월 1일까지 안면면 고남리에서 이종헌 선생과 오몽근 선생 등이 만세운동을 벌이려고 계획했으나 정보가 새어 나가 애석하게도 실현되지 못했다. 안면도에도 민족자존을 회복하고 대한독립을 달성하기 위한 비폭력 무저항 운동인 만세운동의 거센 물결이 있었음을 알 수 있다.

오몽근, 가재창, 김정진, 염성환 애국지사 추모비가 승언 1리에 있다. 이종헌 선생은 1977년 대한독립 유공자로 추천되어 대통령 표창을 받았으며, 1990년에 애족장이 추서되었다. 1982년 안면읍 승언리에 추모비가 설립되었다.

땅골 골망의
상처

　승언리에서 안면중학교로 넘어가는 지름길이 있다. 바로 조군막터로 가는 길이다. 조군막터는 조운선을 운행할 당시 조군이 머물던 막사 터가 있어서 붙여진 이름이다. 세곡을 나르는 선박이 풍랑을 피하여 정박하던 막사 터인데, 안면중학교 학생들 중에서 승언리로 가는 학생들은 거의 이 길로 지나간다. 소나무가 우거진 가파른 능선길인데, 학교에서 나머지 공부라도 하는 날이면 칠흑 같은 어두움에 무서워서 삼삼오오 모여 다녀야 한다. 안면도 사람들은 이 길을 조군막터라고 부르지 않고 '땅골 골망'이라 부른다. 또는 '딱콩 골망'이라고도 하는데, 딱콩은 총을 쏠 때 나는 소리를 말하고 골망은 골짜기를 말한다.

　땅골 골망은 안면도 사람들에게는 전쟁과 이데올로기 갈등이 남긴 아픈 상처가 배어 있는 곳이다. 땅골 골망은 안면도의 슬픈 역사를 고스란히 품고 있다.

　진실ㆍ화해를위한과거사정리위원회가 발표한 진실 규명 자료(2008년 하반기 자료)를 보면 땅골 골망의 아픔이 구체적으로 나와 있다.

조군막터(땅골 골망)

진실화해위원회는 이 사건이 〈진실·화해를 위한 과거사정리 기본법〉 제2조 제1항 제3호에 명기된 "1945년 8월 15일부터 한국전쟁 전후의 시기에 불법적으로 이루어진 민간인 집단희생사건"에 포함된다고 평가하여 조사 개시 결정을 내렸다.

해당 자료에는 "서산 태안 부역 혐의 희생 사건"이라고 나와 있는

데, 부역 혐의란 인민군 점령기에 부역을 한 혐의를 말한다. 보고서에 따르면, 보도연맹원 집단희생사건이 인민군 점령기에 좌익 세력에 의한 희생을 촉발했고, '서산 태안 부역 혐의 희생 사건'은 수복 후 부역 혐의자에 대한 재보복의 형태로 나타났다고 한다. 좌익 세력에 희생당한 이들의 유가족이 주축이 된 치안대와 우익 단체가 부역자 처리 과정에 개입함으로써 사적 감정에 기인한 살해 사건이 대규모로 발생했다. 1950년 10월부터 12월 말경까지 태안경찰서 소속 경찰이 적법한 절차 없이 집단 살해한 사건으로, 조사 보고서에는 다음과 같이 기술되어 있다.

> 이 사건의 희생자들은 대부분 농사를 지으며 생계를 꾸려갔던 20~40대의 성인 남성들이었으며, 여성들도 일부 포함되어 있었다. 이들 중 일부는 인민군 점령기에 공적인 역할을 맡거나 특정 단체에 가입하여 활동한 것으로 추정된다. 그러나 이러한 부역 혐의에 대한 판단은 부역자 처리 기준이 명확하지 않은 상태에서 군경의 임의적 판단과 사적인 감정에 의한 것이었다는 게 불행을 초래했다. 즉 희생자 중 다수는 군경이 자체적으로 만든 부역자 처리 기준과 사적 감정에 의해 부역자로 몰린 사람들이었다.

이 희생자들 가운데 누가 부역 혐의 희생자이고 누가 보도연맹 희생자인지는 확인할 수 없는데, 불행하게도 희생 원인을 정확히 밝힌 통계조차 없는 실정이다.

신원기록 심사보고에 기술된 부역 혐의 희생자 마을별 통계를 보면, 안면도인 총 42명이 희생된 것으로 기록되어 있다. 안면읍 희생자는 32명으로 중장리가 6명, 정당리가 11명, 승언리 9명, 창기리 6명이다. 고남면 희생자는 10명으로 고남리 8명, 누동리 2명이다. 추정자 분포에는 52명으로 기록되어 있다. 희생 지역은 안면도의 땅골 골망과 붓두기이고, 고남 지역에서는 장곡리 앞바다와 삽시도에 시체를 수장했다고 전해진다.

조사 보고서 6조에는 "국가기관에 소속된 경찰, 경찰의 지휘를 받는 치안대, 그리고 군인이 비교전상태에서 단지 부역 혐의 또는 비자발적 부역 혐의만으로 비무장, 무저항의 민간인을 즉결처형Summary execution한 행위는 인도주의에 반하는 야만적 행위이며 실체법적으로나 절차법적으로나 불법행위였다"라고 나와 있으며 이어서 "전쟁 중 발생한 이들 희생사건 유족과 서산과 태안의 주민들이 안고 있는 전쟁의 상처를 치유할 수 있는 화해조치로서 지방자치단체 차원의 합동 위령제를 권고한다"라고 주문하고 있다.

프랑스 극작가 유진 이오네스크Eugène Ionesco의 "이념적 이데올로기는 우리를 갈라놓지만, 꿈과 고통은 우리를 결속시킨다"라는 말처럼, 안면도민은 과거의 고통과 미래를 향한 꿈을 공유하며 하나가 되어 앞으로 힘차게 나아가고 있다.

땅골 골망에서 태안 쪽으로 100여 미터 떨어진 곳에 독립운동가들의 기념비가 서 있는데, 억울하게 죽은 사람들의 원혼이 서린 곳과 바로 이웃해 있다. 땅골 골망에서 중장리 방향으로 200미터 정도 가면, 안면도 농업을 책임지는 안면 농기계 임대 사업소가 들어서 있어서 안면도민들이 수시로 드나든다.

시간은 그 무엇보다 위대한 의사다. 아픔도 슬픔도 시간이 해결해 준다. 역사가 남긴 상처는 그렇게 시간이란 치유제를 통해 서서히 아물어가는 게 아닌가 싶다.

안면도 반핵항쟁과
기름 유출 사고

　글자 그대로 편안한 잠을 자는 섬이라는 뜻의 안면도安眠島, 이 섬을 잠에서 깨어나게 한 역사적 항쟁이 있었다. 바로 안면도 반핵항쟁이다. 안면도 반핵항쟁은 신문기사에서 촉발되었다.

　1990년 11월 3일, 안면도에 핵폐기물처리장을 건설하려 한다는 기사가 일간신문에 일제히 실렸다. 정부가 원전 등에서 발생하는 방사성폐기물을 영구 보존하기 위한 처분장을 충남 안면도 일대에 건설한다는 방침을 세우고 충청남도와 최종 협의 중이라는 내용이었다. 당시 과학기술처(현재는 과학기술부로 격상)가 1995년 12월까지 짓기로 한 중·저준위 핵폐기물 영구처분장을 안면도에 건설하기로 결정하고, 충청남도와 협의를 거쳐 현지에서 150만 평의 부지매입을 거의 끝냈다고 보도되었다.

　이런 기사에 분노한 안면도 주민들이 길거리 투쟁에 나섰고, 안면도 이장단과 고남면 이장단은 일제히 사표를 제출했다. 이어 안면읍사무소와 고남면사무소 등 공공기관 직원들도 가슴에 "웬 말이냐 핵폐기장"이란 문구가 적힌 검은색 리본을 달고 반핵항쟁에 동참했다.

1990년 11월 8일에 열린 '안면도 핵폐기물처리장 결사 저지대회'에 참여한 주민은 5,000여 명. 안면도 내 17개 초·중·고교생의 45퍼센트에 해당하는 1,500여 명도 등교를 거부한 채 반대운동에 동참했다. 이들은 안면읍 터미널에서 집회를 열고 연육교까지 약 10킬로미터 구간에 걸쳐 길거리 투쟁을 벌였다. 하지만 연육교에서 전투경찰 5개 중대 1,000여 명이 방패를 들고 최루탄을 발사하는 바람에 시위대는 더 이상 전진할 수 없었다. 이 과정에서 일부 주민은 경찰에 연행되기도 했다.

그 후 과학기술처가 기자회견을 통해 안면도 지역을 핵폐기물처리장 건설 검토 대상에서 제외한다고 발표하면서 반대운동은 점차 잦아들었다. 이후 1994년 12월 정부가 옹진군 굴업도에 핵폐기물처리장을 건설할 것을 최종 확정, 발표하면서 안면도 반핵항쟁은 막을 내린다.

안면도 반핵항쟁은, 무엇보다도 당시 정부의 권위주의적인 밀어붙이기 정책의 결과물이다. 주민들의 의견을 수렴하는 과정도 거치지 않고, 핵폐기물처리장 부지 선정도 밀실에서 암묵적으로 진행해 주민들의 원성을 샀다. 불투명한 행정으로 주민들에게 신뢰를 얻지 못한 정부 때문에 결국 유혈사태로까지 번졌다. 안면도 반핵항쟁은 정부의 일방적인 정책 추진에 반발한 주민들이 자발적으로 들고일어나 펼친 반대운동이었다.

안면도 반핵운동의 영향으로 전국에서 반핵운동이 본격적으로 전개되었다. 이를 배경으로 1990년대 말부터 재생에너지 이용의 필요

성과 가능성이 부각되면서 '에너지 전환' 담론이 본격적으로 형성되기 시작했다.

에너지 전환 연구자들은 "에너지 시스템을 녹색화하기 위해서는 에너지 시스템을 운영하는 사회조직을 변화시켜야 한다"라고 진단하고 있다. 풍력과 조력의 이용 등 천연 에너지를 바탕으로 한 녹색 경제와 저탄소 에너지 정책이 한때 주목을 받았다. 지금은 탈원전 정책과 '에너지 프로슈머(energy prosumer : 에너지 소비자가 에너지 생산에도 참여하는 것)' 정책이 주를 이루고 있다. 이러한 변화는 에너지 정책과 활용의 패러다임을 바꾸는 데 기여한 안면도인들의 의지에서 시작되었다고 볼 수 있다.

안면도는 다시 한 번 역사적인 시련을 맞이한다. 바로 2007년 서해안 기름 유출 사건. 2007년 12월 7일 서해안 만리포에서 삼성중공업 크레인선과 유조선 허베이스피리트호가 충돌하면서 유조선 원유탱크에 구멍이 생겨 원유 1만 2,547킬로리터가 유출되었다. 갯벌이 까만 원유로 뒤덮여 어패류가 폐사하고 철새들은 기름에 젖어 날지도 못한 채 갯벌에서 허우적거렸다. 기름띠가 안면도 백사장항 전방 몇 킬로미터 밖까지 밀려와 안면도를 위협했다. 백사장항에서 연육교 안으로 기름이 밀려드는 순간 천수만은 죽음의 바다로 변할 수밖에 없는 절박한 상황이었다.

그 긴박한 순간에 안면도민은 천수만을 지키기 위해 노심초사했다. 당시 천수만은 바람 앞에 등불이었다. 당시 당국은 백사장 인근에 2.1

킬로미터 길이의 오일펜스 한 겹을 설치하고 밤새 규찰 활동을 벌였다. 하지만 그것만으로 천수만이 지켜지겠는가. 근소만도 가로림만도 오일펜스를 설치해도 속수무책이었다. 동북아시아 최대 철새 도래지이고 대한민국 치어의 보고이자 최대 산란장인 천수만을 파도가 불면 날아가버리는 오일펜스 하나로 지킨다는 게 말이 되는가.

당시는 정말 황망하고 참담했다. 안면도민들은 그때 "연육교는 우리가 꼭 사수하자. 안면인들의 삶의 터전이요, 애환인 천수만을 우리가 지켜내자. 광천 장배 들어왔던 천수만을 우리가 꼭 지켜내자. 우리 모두 벌떡벌떡 일어나 연육교에 우리의 사지를 묻자"고 외쳤다. "가마니에 모래를 담고 판목을 막는다는 심정으로 연육교로 모두 나가서 오일펜스를 백사장 앞에 2중, 3중으로 둘러치자"고 외쳤다. "천수만 갯벌에 나가 하루 종일 쪼그려 앉아 열심히 조새질을 하면서 자식새끼 입에 들어갈 기쁨에 고단함도 잊고 사신 어머님들의 기쁨을 절대로 빼앗기지 말자"고 외쳤다.

안면도민들은 1990년에 반핵항쟁을 승리로 이끈 저력을 바탕으로 천수만은 꼭 지켜야 한다고 발을 동동 구르며 날밤을 새웠다.

그때 전 국민이 서해안으로 모여들었다. 날마다 줄을 잇는 '봉사의 물결'이 밀려와 '땀'의 기적을 이루어냈다. 내 나라 내 국토를 살려야 한다는 자원봉사자 123만 명이 기름 유출 사고로 오염된 서해안을 7개월 만에 청정 바다로 되돌려놓았다. 불과 7개월 만에, 갈매기 한 마리 날지 않던 죽음의 바다를 아름답고 청정한 해상공원으로 되돌려놓은 것이다. 그 기적의 배경에는 인간 띠를 이룬 자원봉사자들의 헌신적인 노력이 있었고, 그 중심에는 상실의 아픔과 고통을 딛고 일어선 태안군민들의 굳은 의지와 땀이 있었다.

2007년 개관한 유류피해극복기념관(태안군 만리포에 위치)은 서해안 유류 유출 사고 극복 과정을 기록하고 이에 동참한 123만 자원봉사자의 헌신과 노고를 기리고 있다.

5. 안면도의 혼과 사람들

안면도 최초 교육기관,
광영신숙

안면도 인근인 서산과 태안 지역 주민들은 1900년대 이전까지 전통적 교육기관인 서당에 교육을 의존하고 있었다. 1901년 궁내부 승지로 있던 김병년이 사직하고 가솔을 이끌고 안면도에 들어와 인재를 양성하고자 최초로 학교를 설립했다. 《승정원일기》를 보면, "고종 41년 갑진(1904) 12월 6일(병오, 양력 1월 7일) 정3품 김병년을 비서원에서 의원면직하였다"라고 나온다.

1906년 12월 28일에 대한제국 학부대신으로부터 '광영신숙'이라는 교명을 승인받았다. 개교는 1908년 11월 10일에 했다. 《안면도지》에 따르면, 학교가 있던 곳은 안면도 승언리 장기동(현 승언리 2구 마당터)이다. 현재 안면초등학교에서 정당리 쪽으로 약 200미터 떨어진 지점이다. 당시 교사는 검은색 페인트칠을 한 함석지붕을 얹힌 건물로 1970년경까지 남아 있었다. 그 후 안면초등학교 사택으로 사용되다가 지금은 개인 주택으로 변했다.

광영신숙은 1909년에 고등과 제1회 졸업생을 배출했다. 광영신숙은 1920년에 안면도공립보통학교로 인수된다. 그런데 안면도공립보통학교의 설립 인가일은 1920년 3월 1일인데, 광영신숙을 인수한 시점은 6월 5일인 것으로 보아, 인수를 둘러싸고 조율 기간이 다소 필요했던 것으로 짐작된다. 개교 당시 안면도공립보통학교의 수업연한은 4년이었다.

이 학교는 태안에서 두 번째로 설립된 근대 교육기관이며 '널리 크게 영재를 육성한다'는 창학 이념으로 지방 학생들에게 신교육을 실시했다.

아래는 1911년 11월 1일 〈매일신보〉에 실린, "광영신숙의 발전"이라는 기사 내용이다.

충청남도 태안군 안면도 거주하는 김병년 씨는 년전에 자본금을 자담하야 광영신숙을 설립하고 생도를 모집 교수하다가 재정이 곤란하므로 유지할 도리가 없는 고로 각 면 내 인민에게 위탁하여 자기의 영남(아들) 김우규 씨로 하여 의무로 교수하게 하더니 본년에는 내지인 흑천 씨를 교사로 고용하여 열심 교수하는 고로 생도가 일익 증가하여 발전의 희망이 유하다더라.

김병년 선생이 광영신숙을 자부담으로 설립하고, 자제를 교사로 활용했으며 그 후 새로 교사를 고용했다는 것이다.

1912년 2월 18일 〈매일신보〉에 실린 광영신숙 졸업자 13명의 명단은 다음과 같다. 염성환, 김진규, 박준하, 박성래, 소무영, 이방우, 홍범순, 유한기, 현병언, 김운한, 김필한, 성기남, 이종식(경성광동서국京城

光東書局 주인). 이 중 염성환은 대한독립단 서산지부단 단원으로 활동한 애국지사다.

광영신숙은 서산 읍내에서 근대식 교육을 시작하는 데 영향을 끼친 것으로 알려져 있다. 전하는 이야기에 따르면, 1908년 서산읍의 한동백이라는 청년이 안면도에 왔다가 광영신숙을 견학한 후 부친을 비롯한 인근 유지를 설득하면서 군수에게 건의했고, 그 결과 '풍전신숙'이 개교했다고 한다. 이는 서산과 태안 일대의 근대적인 학교의 효시다.

또한 광영신숙 졸업생들은 3·1운동과 그 후의 항일운동을 주도했다. 아울러 대한독립단 서산지부단 단원으로 활동하며 군자금을 모집하는 일도 했는데, 이는 독립운동에서 아주 주요한 역할이었다. 광영신숙 1회 졸업생으로 1918년 광영신숙 제9대 교장을 맡아 교육자의 길도 병행한 이종헌은 1919년 3월 1일부터 4월 1일까지 고남리에서 오몽근 선생 등과 함께 만세운동을 계획했으나 정보가 새어 나가 애석하게 실현되지 못했다. 그러나 후에 대한독립단 서산지단을 결성하여 군지단장으로 군자금을 모집하다가 2년 6개월간 옥고를 치렀다.

일본 기업 아소상점의 초대 소장인 하야시(한국명 임성삼)가 쓴 『안면도』라는 책에 다음과 같은 내용이 있다.

당시 경성에 김병년이라고 하는 한국 관리가 있었다. 그는 관직에서 물러나서 안면도에 도착하여 광영신숙을 창립하고 제자를 가르치는 데에 힘을 쓴다. 이것은 바로 안면도 신형의 교육의 시작이고 안면도공립보통학교의 요람이라고 말해도 된다. 졸업생과 재적생 합치면 천 명을 초과한다. 섬에서 외국어를 이해할 수 있는 사람이 많고 조금만 배웠던 사람도 몇 명이 있다. 일반 상황에서 학부모의 지식욕도 강하고 심지어 섬에 있는 생활 빈곤한 집에서 만약 아이가 학교에 안 가면 학부모도 기뻐하지 않다. 장래 내가 안면도를 경영하면 꼭 이 점을 유의한다.

광영신숙의 졸업생과 재학생이 1,000여 명에 달했고, 외국어에 능통한 사람도 상당수 있었으며, 당시 안면도 주민들의 교육열이 뜨거웠음을 알 수 있다.

광영신숙은 1906년 11월 개교 이래 1920년 2월 13일까지 13년간 일제의 사학 탄압과 재정 빈곤에 시달리면서도 안면도에서 인재를 배양한 중추적인 교육기관이다. 그 후 1920년 6월 5일에 '안면도공립보통학교'로 승격되었고, 이 학교가 바로 현 안면초등학교의 전신이다.

학교 설립자이자 운영자인 김병년 선생은 대한제국 말기에 교육을 통해 구국운동을 실천했는데 그 시초가 바로 광영신숙이었고, 광영신숙에서 길러낸 인재들이 일제강점기 초기에 독립운동을 한 것이다.

독립운동가의 유훈이 서린
안면초등학교

독립운동가의 유훈을 이어가는 민족교육의 요람인 안면초등학교가 2020년 6월 5일이면 100년의 역사를 맞이한다.

1919년 3월 1일 독립만세운동에 놀란 조선총독부는 조선 민족의 저항을 무마하고 악화된 세계 여론을 돌리기 위해 무단통치에서 문화통치로 식민통치 방식을 바꾸었다. 그 일환으로 일제는 교육 기회를 확대한다고 선전하며 학교를 설립했으며, 1920년 6월 5일 조선총독부 훈령으로 광영신숙을 안면도공립보통학교로 승격시켜 정식 개교했다.

안면도공립보통학교를 소개한 1927년 6월 13일 〈동아일보〉 기사에 따르면 "안면도공립보교는 안면도 승언리에 존한바 광무 10년(1906) 10월 15일에 당시 선각지사로 명망이 높은 김병년 씨가 유지로 하여금 사립광영학교를 씨의 영식 김우규 씨의 교수로 10여 년 지속하야 유의의 청년이 많이 배양되었는데 기미(1919) 이후에 우리 사회를 위하여 분투하던 청년도 상당히 있었다"고 한다. 또한 "대정구년(1920) 2월 27일에 공립으로 변경하였는데 현 6년제로 5학급에 생도

226인"이라고 한다.

1910년부터 1919년까지 일제가 한국에서 추진한 교육의 특징은 일어와 실과 교육을 강화한 것이다. 일제는 조선어 및 한문과를 제외한 모든 교과를 일어로 가르치게 했으며, 보통학교에서 농업 초보와 상업 초보를 가르쳤다. 1919년에 한국인을 위한 공립보통학교는 482곳이고 일본인을 위한 소학교는 380여 곳이었다. 당시 보통학교에 재학하는 한국 학생은 8만 4,600명이었고, 일본인 학생은 4만 2,732명이었다. 1920년에 한국 인구가 약 1,700만 명이었는데, 당시 아동의 취학률이 3.7퍼센트에 불과했던 것이다.

《조선교육대관》(1930)에 실린 "안면도공립보통학교 연혁"에는 다음과 같이 기록되어 있다.

소재지 서산군 안면면, 1920년 6월 5일 개교, 1926년 4월 수업연한을 4년에서 6년으로 연장. 학급 6, 아동 남 176, 여 35, 계 211명, 교육방침은 근로 저축의 생활화, 복습, 예습지침을 만들어 수업 후 1시간씩 자습시킨다. 규칙적인 생활을 시킨다. 매일 국기를 게양하고 이를 우러러보는 것을 생산화와 결부시킨다. 특설사항으로 가난한 아동에게 석유를 팔게 하여 학비에 충당한다. 판매부를 두어 절약한 금액과 분담구 실습지의 생산액 대금을 저금시킨다. 졸업생 중 우수한 자를 농잠실습생으로 일본에 2명을 특파, 졸업생의 학력 보충, 정신수양, 근검 장려를 위하여 월간잡지를 발행한다. 산업의 교육화를 위하여 부락 담임제를 실시한다. 졸업생 본교 출신자 162명 중 교장은 스기하라 야이치로우(杉原彌市郎, 1895~?), 아이지현 출신. 1924년 안면도보 교장이 되었다. 취미는 없다. 학무위원으로는 김동진金東璡, 엄주찬嚴柱贊, 한봉우韓鳳愚, 김준제金俊濟, 이병규李秉奎, 한일우韓日愚 학무위원은 1908년 학무위원 규정준칙에 의거 지방 덕망가를 도지사가 위촉하고 관보에 실렸다. 그들은 무보수지만 권학 기여도가 많았다.

안면초등학교에서는 개교한 해인 1920년에 총 8명이 졸업했고, 1924년부터 여학생 4명이 입학했고, 1927년부터 여학생 1명이 졸업했다. 1926년에는 졸업생이 단 한 명도 없었다. 안면초등학교 설립 이래 졸업생이 없는 유일한 해인데, 현재까지 구체적인 이유를 알 수가 없다. 1930년대에 들어서는 그 숫자가 급격하게 증가하기 시작했으며, 1940년 이후에는 상급 학교로 진학한 사례도 확인되었다. 졸업 후 상업에 종사하거나 회사에 취업한 사례도 간간이 확인되지만, 그 비율은 높지 않은 편이다. 한편 개교 이후 1945년까지 안면초등학교의 역대 교장은 김현구(재임 1922~1924), 황창현(재임 1924~1928), 황정융(재임 1937~1939)으로 한국인 3인 포함 11인이었다.

1934년 7월 간행된 《문교의 조선》이라는 잡지에 "안면도공립보통학교의 실제安眠島公立普通學校の實際"라는 표제가 존재하지만, 해당 기록은 현재 찾을 수 없다. 이 사료를 찾는다면 일제강점기 안면초등학교의 모습을 좀 더 상세히 파악할 수 있을 것이다.

앞서 말했듯이, 안면공립보통학교는 대한민국임시정부에 군자금을 지원하고 대한독립결사단을 조직하여 대한민국의 국권과 독립을

안면도에 역사를 묻다

1937년 안면초등학교 졸업 앨범. 표지, 선생님들 성함, 선생님들 사진, 학생들 성함, 학생들 사진이다.(사진 제공 : 김동국)

위해 헌신한 독립운동가 이종헌 선생이 교장으로 임직한 학교다. 매년 광복절이면 안면인들이 승언리에 소재한 추모비를 찾아 이종헌 선생을 선양하고 있다. 또한 안면초등학교에서 일생을 바친 박병태(1951~1953 교감, 1959. 12. 31~1976. 3. 1 교장, 1977. 9. 1~1983. 9. 1 교장) 선생은 현재 안면초등학교 졸업생의 영원한 은사이기도 하다. 박병태 선생은 1920년생으로 금년 100세를 맞이하셨다. 장남 박홍신(72세)에 따르면, 박병태 선생은 안면도 도유림사업소에서 근무하면서 독학으로 공부하여, 전주사범학교에 입학했다고 한다. 이후 고남초 장곡리 분교장을 거쳐 안면초등학교와 고남초등학교에서 교장을 역임했다.《안면도지》편찬위원장을 맡아 안면도 역사를 기록하는 데 기여하기도 했다. 현재는 천안의 모 요양원에 계신다. 1970년 2월 1일부터 부임한 김형파 기사님도 잊을 수가 없다.

자랑스러운 독립운동가와 민족교육자 이종헌 선생의 유훈이 남아 있는 안면초등학교가 2020년 3월 1일에 인가 100년을 맞았고, 2020년 6월 5일이면 개교 100주년을 맞는다. 실로 안면도의 자랑이 아닐 수 없다.

100년의 역사를 맞이하고 100년의 미래를 준비하는 안면초등학교. 미래 100년은 무엇을 할 것인지 후학들이 고민해야 할 시기다.

귀천 천상병
시인의 고택

나 하늘로 돌아가리라

새벽빛 와 닿으면 스러지는

이슬 더불어 손에 손을 잡고

나 하늘로 돌아가리라

노을빛 함께 단둘이서

기슭에서 놀다가 구름 손짓하며는

나 하늘로 돌아가리라

아름다운 이 세상 소풍 끝나는 날

가서 아름다웠다고 말하리라.

천상병(1930~1993) 시인의 〈귀천歸天〉 전문이다. 1970~1980년대에 젊은 시절을 보낸 이들이라면 누구나 한번쯤 읊조려봤을 친숙한 시다.

안면도 승언리를 지나 대야도로 진입하는 어귀에 천상병 시인의 고택이 있다. 의정부 수락산 자락에 있던 시인의 생가를 옮겨와 고택으로 보존하기 위해 복원했다.

천상병 시인은 1930년 일본 효고현 히메지시에서 차남으로 출생했다. 1945년 광복 후 일본에서 귀국해 마산에서 거주했다. 천상병은 마산중학교에 3학년으로 편입한 1949년부터 마산중학교 국어 교사였던 김춘수(1922~2004) 시인에게 시를 배웠다. 1950년대를 대표하는 '꽃의 시인' 김춘수는 천상병에게 시적 영감을 불어넣었다. 1949년 천상병은 김춘수의 추천으로 시 〈강물〉 등을 《문예》지에 발표했다. 바로 다음 해 한국전쟁이 터지자 전란 초기에 미군 통역관으로 6개월 동안 근무한 천상병은 1951년 봄 서울대학교 상과대학에 입학했다. 재학 중에는 《현대문학》에 평론으로 등단한 후 '동백림사건'에 연루되어 투옥되었다. 시인은 43세가 되도록 독신으로 지내며 유랑생활을 했다. 1972년 김동리(1913~1995) 선생의 주례로 목순옥睦順玉과 결혼했고 지병으로 죽기 전까지 부인의 보살핌을 받으며 창작 활동만 했다.

목순옥 여사는 1985년 3월 남편 친구인 강태열 시인에게 300만 원을 빌려 인사동에 전통 찻집 '귀천歸天'을 냈다. 귀천은 당시 문인들의 사랑방 노릇을 했으며, 많은 시인과 묵객이 쉬었다 가는 공간으로 활용했다. 목 여사는 '귀천을 찾아왔다가 문이 잠겨서 돌아가는 손님이 있어서는 안 된다'는 생각에 365일 연중무휴로 찻집을 지켰다고 한다.

목 여사는 1993년에 펴낸 수필집 《날개 없는 새 짝이 되어》에서

천상병 고택

"집을 제외하고 남편과 가장 많은 시간을 보냈던 곳이다. 배가 고팠던
우리 부부에게 밥 문제를 해결해주었던 삶의 터전이었다"고 찻집 귀
천에 대한 소회를 밝혔다.

귀천으로 들어서면 벽면에 걸린, 파안대소하는 천상병 시인의 큰
얼굴 사진이 제일 먼저 눈에 들어온다. 무욕과 천진무구함으로 자본
주의를 거부한 시인, 막걸리가 밥이었던 시인이다.

안면도로 천상병 고택을 옮긴 것은 안면읍 중장리에 거주하던 모종
인 씨와의 인연 때문이라고 한다. 모종인 씨는 의정부 수락산 밑에 있
던 천상병 시인의 생가가 재개발로 철거된다는 사실을 목순옥 여사에
게 전해 듣고 2004년 천상병 시인이 살던 집을 통째로 안면도로 옮겨

왔다.

천상병 고택에는 시인의 소박한 전시 공간을 만들어 일반인들에게 선보이고 있다. 승언리에서 중장 5리를 지나 작은 섬인 대야도 연육교를 지나면 바로 왼쪽 산자락 어귀에 천상병 시인의 고택이 있다. 댓돌 위에 검은 고무신이 가지런히 올려 있고, 방에는 파안대소하는 시인의 사진이 걸려 있는데 눈에 익은 우리네 아버지 같은 모습이다. 이곳은 안면도를 찾는 문인들과 관광객들이 천수만을 내려보다면서 시적 영감을 얻고 휴식을 취하는 장소가 되었다. 그래서 안면도에서는 대야도를 '시인의 섬'이라 부른다.

나의 가난은

오늘 아침을 다소 행복하다고 생각하는 것은
한잔 커피와 갑 속의 두둑한 담배
해장을 하고도 버스 값이 남았다는 것

오늘 아침을 다소 서럽다고 생각하는 것은
잔돈 몇 푼에 조금도 부족이 없어도
내일 아침 일도 걱정해야 하기 때문이다.

가난은 내 직업이지만
비쳐오는 이 햇빛에 떳떳할 수 있는 것은

이 햇빛에도 예금 통장은 없을 테니까

나의 과거와 미래
사랑하는 내 아들 딸들아
내 무덤가 무성한 풀 섶으로 때론 와서
괴로웠을 그런대로 산 인생 여기 잠들다, 라고,

씽씽 바람 불어라.

가난은 자족하는 마음을 갖게 하고, 조촐한 행복의 조건들을 욕심 없이 투명한 눈으로 바라보게 하는 원천이 된다. 무욕의 삶, 무소유의 삶은 천상병 시인의 넉넉한 낙관주의를 만들어내는 정신적인 요소가 되었을 것이다. 안면도에서 편안하게 영면하시길 빈다.

위대한 집배원
오기수

　집전화도 손전화도 없던 시절에는 편지가 유일한 소통 수단이었다. 우체부가 자전거를 타고 나타나면 누구에게서 편지가 왔을까, 애인일까, 친구일까, 시집간 누나일까, 가슴이 콩닥거리던 시절의 그 설레던 감정을 핸드폰을 끼고 사는 현대인은 도저히 실감할 수 없을 것이다.

　편지가 없던 시절에 개개인은 일일이 사람을 통해서만 소식을 주고받았다. 우리나라는 고종 21년(1884)에 우정총국이 설립되었다. 세계 각국과 통상을 개시하고 제국주의 열강들의 간섭이 늘어나면서 관영 통신이 증가했고, 이에 우정총국이 설립되었다. 안면도에도 일제강점기인 1936년 1월 24일 우체국이 생겼다.

　안면도 승언리에는 우정국과 연관된 추모비가 서 있었다. 바로 '오기수 집배원 순직 추모비'다.

　소설가 김유정은 소설 《산골》에서 집배원을 다음과 같이 묘사하고 있다.

　체부(遞夫 : 집배원)가 잘 와야 사흘에 한 번밖에는 더 들르지 않는 줄을 저라도 모를 리 없고, 어제 다녀갔으니 모레나 오는 줄 번연히 알련마는 그래도 이쁜이는 산길에 속은 사람같이 저 산비탈로 꼬불꼬불 돌아나간 기나긴 산길에서 금시 체부가 보일 듯 보일 듯싶었던지….

이렇듯 집배원이 오지 않을 것임을 뻔히 알면서도 사람들은 목을 길게 늘이고 집배원을 기다렸다. 오로지 편지를 통해 안부를 묻던 시절이었기 때문이다.

1980년 12월 12일, 폭설이 심하게 내리던 날이었다. 태안우체국 안면 집배원 오기수(1932~1980) 씨는 악천후를 무릅쓰고 〈농민신문〉을 우체국에서 10킬로미터 떨어진 안면읍 신야리 1구 엄정한 씨에게 배달한 후 우체국으로 돌아오는 길이었다.

엄정한 씨의 증언이 오기수 집배원의 사명감을 그대로 보여준다.

영하 15℃의 혹한을 뚫고 오기수 집배원은 가까스로 안면읍 신야리에 사는 엄정한 씨의 집에 도착했어. 우편물은 〈농민신문〉 하나. 엄정한 씨는 미안해서 어쩔 줄을 몰랐지. "이것 때문에 이 눈길을… 눈보라가 거세지니까 주무시고 내일 가시오." 오기수 집배원은 고개를 저었어. "우체국에 남은 우편물이 여덟 통 있어요. 내가 돌려야 돼요." 엄 씨가 극구 말렸지만 괜찮다는 말만 남기고 오기수 집배원은 자전거 페달을 밟으며 눈보라 속으로 사라졌지.

늦은 시간에 조금이라도 빨리 돌아가려던 오기수 씨는 평소 다니던 길이 아닌 중장 1리 유황맞이 해변 험한 벼랑길인 지름길을 택했다. 그러다 그만 유황맞이에서 미끄러져 얼굴 등에 부상을 입고 실신한 채 그대로 눈에 파묻혀 동사했다. 엄 씨에게 "다음 날 배달해야 할 우편물이 있고, 동료들이 기다리고 있다"고 한 것이 오기수 씨의 마지막 말이었다.

오기수 씨가 밤늦도록 집에 돌아오지 않자 그를 기다리던 우체국장과 동료 직원들이 아침 일찍부터 오기수 씨의 배달 구역인 중장리와 신야리 일대를 수색했다. 그러나 워낙 눈이 많이 쌓여 있던 터라 쉽게 찾을 수 없었다. 일주일 후 외진 길에서 눈 속에 파묻혀 동사한 오기수 씨의 시신을 찾을 수 있었다. 처음에는 얼굴 등에 타박상이 있어 타살을 의심했지만, 행낭과 자전거가 발견되고 오기수 씨가 다친 몸을 이끌고 엄 씨의 집으로 돌아가려다 동사한 것으로 확인됐다. 오기수 씨는 순직 당시 부인과 3남 3녀를 두고 있었는데 장례를 치를 수 없을 정도로 집안 형편이 어려운 것을 딱히 여긴 동네 주민들이 음식을 준비해 장례를 치러주었다.

만국우편연합UPU은 오기수 집배원의 숭고한 희생정신을 기리기 위해 기관지인《유니언 포스털Union Postale》지에 관련 기사를 7개 국어로 번역, 게재하여 세계 160개국에 알렸고, 국제사무국의 '아크바' 차장은 1981년 3월 인도네시아에서 열린 아태우편연합 제4차 총회에서 오기수 집배원의 사례를 전 세계 우편 종사원들이 귀감으로 삼아야 한다고 강조했다.

오기수 집배원 순직 당시 안면우체국장이었던 강 모 국장은 30년

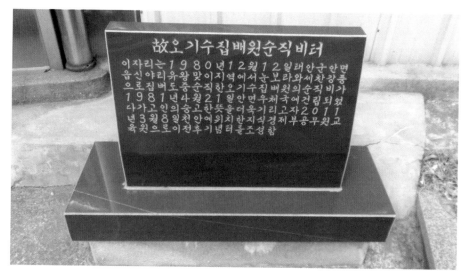

고 오기수 집배원 순직비터

간 소장하고 있던 오기수 집배원 관련 책자, 신문 스크랩, 사진 등 사료를 우정사업본부에 기증했으며, 1984년판 초등학교 6-1 도덕 교과서에 "집배원 아저씨의 죽음"이라는 제목으로, 오기수 집배원의 이야기가 수록되었다.

관련 내용은 2011년 3월 10일 우정공무원교육원으로 이전되었으며, 관련 사료는 우정박물관에서 전시하고 있다.

1981년 4월 21일에 안면읍 승언리 1구에 순직비를 건립했고, 2010년 12월 12일에 오기수 집배원 순직 30주년 추모비를 다시 건립했다. 2011년 3월 8일 천안의 지식경제부 공무원교육원으로 추모비를 이전했으며, 추모비가 있던 자리는 '고 오기수 집배원 순직비터'라는 이름으로 안면우체국 옆에 남아 있다.

추모비에는 "한 통의 편지 위한 님의 정성 우리 온 가슴에 길이 남으리"라고 쓰여 있다.

올해로 오기수 집배원이 순직한 지 40년이 되었다. 안면도 차원에서 오기수 집배원의 사명감과 희생정신을 재조명하는 노력을 기울여야 할 듯하다.

안면도에 역사를 묻다

안면낙토를 찾아온
이북5도민들

안면도는 판목운하가 생긴 이래로 고립된 섬이었기에 외부인이 드
나들기가 쉽지 않았다. 그러나 한반도에서 여섯 번째로 큰 섬인 데다
가 '편안한 섬'이라는 이름 덕분인지 안면도로 이주한 사람들이 적지
않다.

가장 대표적인 이주민이 이북5도민이다. 안면도에 정착한 38도
선 이북 동포들은 그 정착 과정에 따라 대체로 네 부류로 분류할 수
있다.

첫 부류는 1940년대 초 태평양전쟁의 발발로 일제의 강제징집 및
강제징병이 극심해지고 민심이 흉흉해지자 이북5도를 떠나 안면도
중장리 3구에 정착한 사람들이다.

두 번째 부류는 1945년 8월 15일 조국이 해방된 이후 남과 북에서
각각 미국과 소련이 군정을 실시하던 시기에 안면도에 정착한 사람들
이다. 극심한 좌우 이념의 대립에 불안을 느낀 몇몇 세대가 안면도를
안전지대로 판단하고 전입했다.

세 번째 부류는 참혹한 한국전쟁 당시, 특히 1·4 후퇴 이후 남으

로 내려온 이북 동포들이다. 북쪽에서 내려온 피난민들은 대다수 부산 등지에 둥지를 틀었지만, 염전, 간척지, 정지 사업장, 벌목 현장 등이 있어 단순노동자를 필요로 하던 안면도에 전입한 사람들도 있었다. 피난민이 많이 모여 있던 군산 쪽에서 안면도로 이주한 사람들이었다.

네 번째 부류는 유엔군 극동사령부 산하 한국반공청년유격대와 함께 남하한 가족들이다. 1953년 5월 휴전 협상 시기에 이 유격대도 남쪽으로 이동했는데, 이들 부대는 안면도 백사장항 근처 삼봉 일대에 주둔하게 되었다. 1957년 7월 27일 휴전 협정 조인과 동시에 유격대는 인천 용유도로 이전하여 국군에 편입되었다. 그러나 함께 남하한 부대원 가족 170여 세대는 안면도에 잔류하게 되었다. 이들의 99퍼센트는 황해도 출신이며 나머지 일부는 평안도와 함경도 출신이다. 황해도 출신 중에서도 송화군, 은율군 출신이 상당수고, 장연, 안악, 신천군 등 거의 서해 지방민 출신이 많았다. 안중근 의사와 같은 황해도 분들이라 의협심이 유달리 강했던 것이 아닐까 하는 생각이 든다.

당시 안면도에 많은 이주민이 정착 가능한 지역은 안면읍 승언리 독개(석포)지구였다. 이곳의 간척지 300여 정보가 수리 시설이 되어 있었다. 당시 국가 시책으로 이 간척지를 토대로 안면정착사업소가 지금의 정당 3구(북독개)에 설치되었다. 이때부터 구호양곡은 물론 주택을 짓는 데 필요한 원자재와 각종 구호물자를 배급했으며, 이북5도 이주민은 분배받은 황무지를 개간하여 안면도를 제일의 옥토로 바꾸어놓았다. 이주민들은 대부분 독개와 창기리 일대에 거주했으며, 안면

안면도에 역사를 묻다

읍 읍소재지에서 상업을 하거나 방포, 백사장 포구에서 어업에 종사한 사람도 있었다. 이들 이북5도민은 1959년에 법령 제179호에 의거 전원이 안면도를 본적으로 취득하게 되었다.

앞서 살펴본 대로, 안면도 내 이북5도민의 전입은 역사적 시기 여러 가지 사건과 맞물려서 일어난 일이다. 자유를 찾아 고향을 훌쩍 떠나와 이제는 안면도민이 된 이북5도민은 지역사회 활동을 통해 지방 발전에 일익을 담당해왔다. 이들 이북5도민의 발자취를 기록하는 일은 역사적으로도 상당히 가치 있고 의미 있는 일일 것이다.

안면도의 수재,
민족·민중시인 채광석

채광석(蔡光錫, 1948~1987) 시인은 나의 중학교 대선배로 나의 자긍심이며 안면도의 자랑이기도 하다.

홍성에서 서산 들판을 옆구리에 꿰차고 휘이휘이 넘어가노라면

산에 뻐국새 울어
논에 뜸북새 울어
한 시대 깊숙이 몸을 던져 싸웠던 사람이 있었나니
어둑한 〈한국민족문학사〉의 논길로 밭둑길로
등불 하나 켜 들고 가던 시인이 있었나니
참으로 기억하자 그리고 잊지를 말자

위 글은 시인 박선욱이 쓴 채광석 평전 《사랑은 어느 구비에서》에 실린 김준태 시인의 시 〈안면도 가는 길〉의 일부다.

채광석 시인은 일제 강점에서 벗어나 미소 군정이 들어선 현대사의

격변기에 태어났다. 그가 태어난 곳은 안면도 창기리 양지말('햇빛이 잘 드는 마을'이라는 뜻)이다. 창기리 버스 정류장에서 삼봉까지 이어지는 넓은 마을인데, 현재 채광석 시인의 생가는 도로로 편입되어 멸실되었다. 세 자매의 무덤으로 만들어졌다는 삼봉 바위 밑에는 용이 승천했다는 굴이 있다. 용처럼 승천한 민족·민중시인, 민중문단의 거두였던 채광석 시인은 민주화운동이 한창이던 1987년에 불의의 사고로 애석하게 요절했다.

조부는 안면도에서 다섯 손가락 안에 드는 지주였으며, 한학에 조예가 깊으셨다. 부친 채규송은 안면도 창기리 출신으로 안면중학교에서 선생으로 계시다가, 민선으로 18대와 20대 안면면장, 그리고 운산면장을 10여 년간 하셨다. 모친 이우덕은 안면도 승언리 분이다. 큰아버지와 작은아버지 모두 초등학교 선생님과 교장을 역임한 교육자 집안이며, 유복한 중농의 집안이었다.

이들 부모 사이에서 둘째아들로 태어난 채광석은 가까운 창기초등학교와 안면중학교, 대전고등학교를 다녔다. 1968년에 서울대학교 영어교육과에 입학한 채광석은 어려서부터 역사에 매우 관심이 많아 독서 동아리에 가입했는데, 이를 시작으로 경찰서의 주요 관찰 인물이 되었다. 1970~1980년대의 한국 사회는 채광석에게 현실에 적극적으로 참여하는 진보적 문학인의 길을 걸어가게 했다.

"실천하고 행동하는 진정한 시인", 이것이 채광석 시인이 강조한 평생의 신조였다. 아래는 채광석의 시 〈그러면 우리들은 무엇을 할 것인가〉의 전문이다.

흙을 뒤엎으면 이상 한파의 심장 속에서
스스로 새싹을 키워 온 꽃순들을 만나느니
우리들은 버리운 계절의 고통을 귀에 담으며
무엇을 할 것인가.
무엇을 할 것인가 사랑이여 너마저 잠재우는
시대의 곤고함과 자아의 무반성을
통째로 흔들어 깨우며
우리는 다시 죽어야 한다. 봄에 눈을 뜨는
새싹들의 생명을 얻기 위하여 우리는 사랑 속에서
사랑과 함께 죽어야 한다.
사랑 안에 사랑으로 죽어 사랑으로 다시
태어나 그 찬란함을 이 봄에 맞기 위해서라면
순간을 넘기는 총명보다는
기어코 끝끝내 승리하고야 하는 우리의 힘이
그렇다 다만 우직이 혼만이 우리와 함께 죽어
펑펑 쏟아지는 눈발 속에
무성한 푸르름으로 우거지는
부활!
그 사랑으로 태어나기 위하여
이 봄, 경박한 기쁨과 시시한 즐거움보다는
결연한 죽음,
불타는 사랑의 죽음으로 사랑이여

우리는 묻히자.

채광석 시인은 진보적 문인들의 좌장으로서 민족시인이자 평론가
의 삶을 살면서 민족문화운동협의회의 창립과 동시에 실행위원으로
임명되었고, 후에 자유실천문인협의회 초대 총무간사를 맡았다. 채광
석 시인은 김지하·박노해·신경림·백기완·문병란을 비롯한 시인들
과 '풀빛 시선'을 펴냈다. 창작과비평사에서 발행한 《부끄러움의 부
재》를 시작으로 문학평론 활동도 했다.

채광석 시인은 한 가족의 가장으로서의 삶에도 충실했다. 그는 신
용협동조합에서 홍보과장, 조사통계과장으로 근무하면서 사회인으로
서의 역할도 다했다. 교사인 강정숙과 결혼하여 외아들을 두었으며,
결혼 전 부인에게 무려 180여 통의 연서를 보냈다고 한다. 아들에게
도 부드럽고 순수한 아버지였다.

채광석 시인은 풀빛출판사 주간 겸 부사장으로 일하던 중 1987년
7월 12일 서울 애오개에서 불의의 교통사고를 당해 향년 39세로 타
계했다.

황석영 시인은 이렇게 말했다.

시를 쓰는 평론가, 채광석. 우리는 우스갯말로 자네를 문학 비난가라고
놀려대지만, 사실은 자네가 올바른 문학을 추구하면서 못마땅한 문단의
풍토와, 가식과 허위에 찬 문화주의에 대하여 얼마나 전의에 불타는 붓을
날카롭게 휘둘렀는가를 잘 알고 있다네. 사실 차갑고, 냉정하고, 적당히

복 입고 써야 할 평론은 자네는 일개 병사처럼 단독무장을 한 채로 이리 저리 부딪치고 안으로 피를 흘리곤 했었다네.

민주문화인장으로 치러진 장례식에서 황석영이 조사를 했고 유해는 팔당공원묘지에 묻혔다. 채광석의 시비는 고향 안면도 자연휴양림 송림공원 내 시비광장에 있다.

시인이자 평론가 채광석, 그의 39세 짧은 일생은 대한민국 근현대사의 시대정신을 녹여낸 실천적 작품으로 승화되었다. 저서로는 평론집《민족문학의 흐름》, 시집《밧줄을 타며》, 서간집《그 어딘가의 구비에서 우리가 만났듯이》, 사회문화론집《물길처럼 불길처럼》 등이 있다. 유고집으로《민족문학의 흐름》이 있다.

채광석을 추모하는 문학인들의 발걸음이 아직도 이어지고 있다. 생존해 계시다면 지금은 한국 문단의 거목이 되었을 것이다. 다음은 안면도 채광석 시비에 있는 채광석의 〈기다림〉이다.

기름진 고독의 밭에
불씨를 묻으리라
이름 모를 산새들 떼 지어 날고
계곡의 물소리 감미롭게 적셔 오는
여기 이 외진 산골에서
맺힌 사연들을 새기고
구겨진 뜻들을 다리면서

기다림을 익히리라

카랑한 목을 뽑아 진리를 외우고

쌓이는 낙엽을 거느리며

한 걸음 두 걸음 조용히 다지다가

자유의 여신이 찾아오는 그 날

고이 목을 바치리라

대를 물려 가꿔도 빈터가 남는

기름진 고독의 밭에

불씨를 묻으리라

이 책을 쓰며 나도 채광석 시인, 아니 채광석 선배에게 내 마음을
전한다.

그리운 채광석 선배님께

선배님 당신은 어느 하늘에 계신지요.

저는 선배의 음덕으로 이국에서 잘 먹고 잘사오.

선배가 민주화를 외치고 비운에 요절하시기 전

저도 6 · 10항쟁의 소용돌이 근처에 있었답니다.

이제야 선배님의 높은 뜻을

선배가 요절하신 나이를 넘어서서야 알겠습니다.

선배가 주신 높은 뜻이 이제는 거름이 되어

자유로이 당신이 저주하던 통장들을
논해도 되는 시대가 되었답니다.

단순히 안면도와 안면중학의 동향으로만
선배를 알고 지내던 지난 20여 년 세월
이제는 선배의 후반생을 기리는 일에
조금이나마 동참해보려고 합니다.

선배가 외쳤던 무엇에 대한 답이
영면의 귓가에 들리는지요.
안면도는 제게 익숙하지만 낯선 곳
시간이 머물러 있는 것 같지만
이제는 저도 손님이 되어버린 곳
그래도 만남이 있는 곳

추억이라 부르는 곳입니다.
윤동주의 백골처럼
정지용의 고향처럼
이제는 박물관이 되어버린 추억입니다.

안면도 해안지도를 바꾼
김준희 할아버지

1960~1970년대에는 나라에서 바다를 막아 농경지를 만드는 간척 사업을 장려했다. 식량 증산이 국가 경영의 모토였고, 배를 곯는 사람이 없는 나라를 만드는 게 지상 목표였다. 그래서 바다를 막아 농토를 늘리고 쌀을 증산해야 했다.

김준희 할아버지는 안면도 토박이다. 안면암 진입로에는 김준희 할아버지의 증조부인 김중현의 산소가 있다. 김중현은 19세기 후반에 정5품 벼슬인 통덕랑를 지냈다. 한학을 하던 부친이 일찍 돌아가시자 5남매의 장남인 김준희 할아버지는 가난만 물려받았다. 안면초등학교를 졸업(14회)한 후 우선 농사지을 땅이 없으니 한국유리 안면영업소에 취직했다. 그곳에서 안면도 해안에 널린 규사(모래) 채취 사원으로 일을 시작해 식구들의 생활을 책임졌다. 그 후 한국유리 안면도 영업소 소장으로 20여 년간 근무했다.

그렇지만 김준희 할아버지는 항상 땅에 대한 미련과 아쉬움을 품고 있었다. 김준희 할아버지는 바다를 막아 농토를 만드는 일에 뛰어들기로 하고 우선 1977년에 공유수면 매립 면허를 받아냈다. 바로 집

김준희 할아버지와 정옥렬 할머니

앞에 있는 안면도 정당 2구와 4구 사이, 안면암 부근의 진대섬과 넉섬 사이를 연결하는 물막이 공사를 시작했다.

그러나 바다를 막는 일은 마음처럼 쉽지 않았다. 조수 간만의 차이로 겨우 막아 성공했다 싶으면 조수가 가장 높이 들어오는 백중사리 때 마지막 물막이 보가 터지기를 반복했다.

한국유리 안면영업소장을 하면서 어렵게 마련한 염전도 간척 사업 실패로 날려 보내야 했다. 그래도 멈출 수 없었다. 식구들이 다 절망할 때도 김준희 할아버지의 염원은 한결같았다.

간척사업은 집안 식구들이 모두 매달려야 했다. 여자들은 날마다 밥을 해서 날라야 했고 어른 아이 할 것 없이 온 식구가 모두 오로지 논을 만들어 쌀을 증산한다는 사명감으로 불철주야로 매진했다. 여자들은 많은 인부들의 식사를 전담하며 정작 자신들은 주린 배를 움

켜쥐고 배고픔을 참아야 했다. 배우자이신 정옥렬 할머니는 힘든 집안 살림을 이끌어가면서 김준희 할아버지를 내조하기 위해 동분서주했다.

물막이 공사는 그야말로 지도를 바꾸는 일이었다. 드디어 공사를 시작한 지 4년 만인 1981년에 공유수면 약 30만 평을 매립했다. 그러나 바다를 막았다고 해서 바로 논이 되는 게 아니다. 벼가 자라는 논이 되려면 소금기를 빼내야 하는데 그 과정도 지난했다. 김준희 할아버지와 식구들은 볍씨를 뿌릴 수 있는 논이 될 때까지 그야말로 청춘을 다 바쳤다.

김준희 할아버지는 어느새 구순을 코앞에 두고 있어도 날마다 바쁘다. 한국전쟁 시기 22사단에 입대하여 군대 생활을 했던 인연을 이어나가며 6·25참전용사 안면읍 지회장을 맡아 미망인들에게 매년 쌀을 보내는 등 의미 있는 일을 하고 있다. 평생 쉼이라고는 모르는 김준희 할아버지는 자신의 모교인 안면초등학교에 장학금도 1,000만 원이나 쾌척했다.

그 기사가 〈태안신문〉 2011년 8월 17일자에 실렸다.

"돈 없어 못 배우는 학생들 없었으면…" 팔순잔치 대신 모교에 장학금 1,000만 원 기부

훤칠한 키에 떡 벌어진 어깨, 그리고 지긋한 나이에도 느껴지는 풍채에선 좀처럼 팔순의 나이를 짐작할 수 없었다. 시골마을에 사는 여느 어르신과는 사뭇 다른 첫인상이었다. 더욱이 호탕한 웃음소리에선 한창 혈기왕성

한 젊은이의 기운마저 느껴졌다.

올해로 팔순을 맞은 김준희 할아버지. 수년째 새벽녘 아침이슬을 맞으며 매일 1시간씩 꼭 아침산책을 겸한 운동이 그의 건강 유지 비결이다.

슬하에 6남 1녀는 어느덧 그의 품을 떠나 모두 출가해 자식을 낳고 가정을 꾸렸다. 스물다섯이 되던 해 그와 평생을 약속한 두 살 아래의 아내도 어느덧 할머니가 됐다.

요즘 그의 유일한 낙은 오래된 벗들과 만나 식사를 겸한 술자리를 갖는 것이다. 그는 매일 아침 8시 즈음이면 버스정류장이 위치한 곳까지 약 10여 분 남짓 걸어가 버스를 타고 안면읍 소재지로 향한다.

젊은 시절 동고동락同苦同樂하며 술잔을 기울이던 벗들은 세월을 못 이기고 하나둘 세상을 떠나 어느덧 3~4명만이 남았다. 지금은 남은 친구들끼리 서로 돌아가며 밥을 사거나 술을 사며 여생을 함께하고 있다.

팔십 평생 대부분을 안면도 지역서 기거하며 그만의 개인사를 만들어갔지만 6·25 한국전쟁 당시 군에 입대해 참전하게 되면서 잠시 안면도를 떠나 있기도 했다. 훗날 그는 참전유공자가 됐다.

제대 후 다시 찾은 안면도서는 벌목 현장을 감독하는 일을 맡았다. 그 당시만 해도 불법으로 벌목하는 이들이 잦아 이를 감독하는 그로서는 여간 힘든 것이 아니었다. 심한 경우에는 신변에 위협을 가하는 일도 간혹 발생하기도 했다.

그래도 나름대로 뚝심을 갖고 일을 하다 보니 주변에서도 알아주는 이들이 많아졌다. 서두르지 않고 차근차근 한 발씩 앞으로 나간다는 생각으로 궂은일도 마다하지 않은 덕분에 경제적으로도 생활이 안정됐다.

그러나 인생의 황혼기에 접어들면서는 일에서 손을 떼고 노년을 즐기고 있다. 그리 멀지 않은 곳에 자식이 살고 있지만 작은 시골마을서 할머니와 단둘이 조용히 생활하고 있다.

올해 팔순잔치도 지금껏 그래왔듯 간단히 가족들과 식사나 한 끼 하는 것으로 생략했다. 대신 자식들이 잔치를 위해 준비한 비용은 어린 시절 직접 벽돌을 나르며 지은 모교 안면초등학교에 장학금으로 기부하기로 했다.

어려서 그도 경제적인 이유로 초등학교밖에 졸업하지 못했다. 그는 "돈이 없어서 배우지 못하는 학생들이 없었으면 좋겠다"며 지난달 22일 안면초등학교에 장학금 1,000만 원을 기탁했다.

영원한 삶,
열정으로 살다 간 박주훈

물처럼 맑은 영혼과 불처럼 뜨거운 가슴으로 이 세상에서 잠시 바람처럼
머물고 간 사람

2003년 11월 8일 누동리 애향의 언덕 갈매기 동산에 박주훈 추모
비가 세워졌다. 위 글은 박주훈의 묘비에 새긴 비문이다. 과연 박주훈
은 바람처럼 머물고 갔을까?

박주훈은 1967년 안면도 고남면 장곡리에서 태어났다. 고남초등학
교와 안남중학교를 졸업한 그는 천안북일고를 다니던 중에 결혼했다.
학교를 중퇴하고 1988년 검정고시를 통해 고교 과정을 마쳤다. 1990
년 11월 초 그는 예비군 훈련을 받기 위해 승용차를 몰고 귀향길에
올랐지만 바로 역사의 소용돌이와 맞닥뜨린다. 바로 1990년 충남 태
안군 안면도 지역에서 일어난 '11·8 안면도 반핵항쟁'이다.

박주훈은 반핵항쟁의 중심에 서서 안면安眠이 아닌 불면不眠의 시간
을 보냈다. 11·8 안면도 반핵항쟁은 정부의 일방적인 정책 추진에 반
발한 주민들이 자발적으로 들고일어나 펼친 항쟁이었다. 정부는 주민

들의 의견을 수렴하는 과정도 거치지 않고 비민주적으로 정책을 추진하고, 핵폐기물처리장 부지도 밀실에서 암묵적으로 선정해 주민들의 원성을 샀다. 고남면을 핵폐기장 후보지로 선정하려던 계획은 결국 주민들의 반발에 부딪혀 백지화되었다. 1993년 11월 5일 안면도 주민 3,000명은 '안면도 핵폐기장 백지화 승리 및 주민 대화합 한마당'을 열어 아름다운 승리를 자축했다.

그 후 박주훈은 경찰 조사를 받았고 구속되어 옥고를 치렀다. 당시 무료로 변론을 맡은 33인 공동변호인단에는 노무현 전 대통령도 있었다. 11·8 안면도 반핵항쟁은 안면도 주민이 생존권을 지키기 위해 투쟁한 '주체적 애향 운동'이라고 할 수 있다.

여느 안면도 소년처럼 박주훈 역시 어려서부터 수영을 배웠고 우럭을 즐겨 잡았다. 그러나 바다로 둘러싸인 안면도 어촌마을에서 태어난 박주훈은 세계 최고의 산악인이 되었다. 1996년 1월 서울 청화산악회에 가입한 박주훈은 1997년 서울산악연맹 산악조난구조대에 입대하여 소중한 인명을 구하는 데 앞장섰다. 박주훈은 이에 멈추지 않고 해외 암벽등반을 시작해 1999년 5월 미국 요세미티 등반에 이어 2003년 5월 21일 마침내 세계 최고봉 에베레스트(해발 8,850m)에 올랐다. 또한 2000년 인도 아비가민(해발 7,355m), 무크트파르바트(해발 7,130m), 2002년 인도 브리구판스(해발 6,772m)에 발을 디뎠다.

2003년 5월 21일 〈차이나 워치〉에서 이 쾌거를 자세히 소개하고 있다.

박주훈 추모비

한중 연합 등산대 에베레스트 등정 성공

엄홍길嚴弘吉, 나관주羅寬柱, 박주훈朴柱勳 등 3명의 한국 등산대원을 포함
한 한중연합등산대 대원 6명이 21일 세계 최고봉인 에베레스트(중국 명:
珠穆朗瑪·주무랑마) 등정에 성공했다고 화교용 통신 〈중국신문〉이 보도
했다.

통신에 따르면 한중연합등산대의 등정에 뒤이어 중국의 아마추어 등산
대원 2명이 셸파 2명과 함께 등정에 성공했다.

이날 세계 최고봉 등정에 성공한 10명의 산악인 중에는 한중연합등산대와 중국 아마추어등산대 각 1명씩 모두 2명의 여성이 포함되어 있다고 통신은 전했다.

그러나 세계 정복의 기쁨도 잠시, 박주훈은 2003년 10월 5일 히말라야 로체샤르(해발 8,400m) 등정에 나섰다가 세상을 떠나게 된다. 정상을 불과 150미터 남긴 8,250m 지점에서 눈사태로 실족한 후배를 구하다가 3,000미터 아래로 추락한 것이다. 대한민국을 빛낸 안면도의 산 사나이, 박주훈은 아직도 히말라야의 빙원에 누워 있다.

천수만은
천수만만天壽萬滿 영원히

    천수만은 안면도 어족 자원 산란장으로 해양수산부 어족 보호구역이다. 지금도 천수만에서 500미터 이내 지역에서는 건물을 짓는 등 건축 행위를 할 수 없다. 천수만 연안 어촌계에서 주로 생산하는 품종은 굴, 바지락, 홍합, 새조개, 우럭 등이다.

    한상복 한수당자연환경연구원장에 따르면, 1832년 7월 충청도 해안에 나타나 통상을 요구한 영국 상선 애머스트Lord Amherst호의 선장이 천수만이라는 명칭을 붙였다고 한다. 영국동인도회사 소속 애머스트호의 선장 리스Rees는 1832년 7월 중순 황해도 몽금포에 도착하여 천수만에 이르기까지 한 달 동안 한반도를 여행했다. 그는 자신이 항해한 곳 중 안면도와 충청도 사이의 얕은 바다를 'Shoal Gulf'라고 했다. 우리가 지금 호칭하는 천수만淺水灣이라는 명칭은 이를 번역한 것이라고 한다. 즉 '수심이 얕은 만'이라는 뜻이다.

    안면도는 천수만 A·B지구 간척사업 후 많은 어족 자원이 사라져 어업 기능이 쇠퇴하거나 정체되었다. 천수만 A·B지구 간척사업으로 농토는 늘어났지만 세계적으로 보기 드문 갯벌이 사라졌다.

서해 어족 자원의 보고, 천수만

　쌀이 귀하던 시절 최우선 과제는 식량 증산이었다. 그때는 드넓은 갯벌의 효용성을 우선할 수 없었다. 갯벌이 수많은 어족 자원의 보고일 뿐만 아니라 자정작용을 한다는 것을 알면서도 오로지 논을 늘리는 일만이 가난을 물리치는 최적의 수단이라 여겼기 때문이다. 그러나 지금은 안면도민들과 간월도 인근에서 바다를 삶의 터전으로 삼아 살아가던 수많은 어민들이 갯벌에서 얻던 수익이 훨씬 컸다는 걸 뒤늦게 알아차렸을 뿐만 아니라, 자연을 거슬러서 입는 피해가 크다는 걸 실감하고 있다.

　천수만의 감바다는 수많은 어종들이 알을 낳는 곳이었다. 천수만에서 난 치어들은 먼바다로 나갔다가 다시 천수만 감바다에 와서 산란을 했다. "눈 감고 손을 휘저어도 고기가 걸린다"는 우스갯소리까지

원산안면대교

만들어냈던 천수만의 감바다는 A·B지구 간척사업으로 인해 유속이
느려져 지금은 예전의 풍요로운 모습을 찾아볼 수 없다. 열두대섬과
상벌의 풍어도 요원하다. 갯벌의 필요성을 절감한 환경운동가들과 천
수만의 효용성을 인지한 당국자들이 요즈음 A·B지구 한쪽의 수문을
터서 예전처럼 바닷물이 드나들게 하여 천수만을 다시 살려내는 정책
을 논의 중이라니 반가운 일이다.

천수만의 황도도 안강망(鮟鱇網, 조류가 빠른 곳에 고정해놓는 주머니 모
양의 통그물) 어선들이 북적거리던 섬이었으나, 이제는 이국적인 펜션
들로 가득한 관광지로 변했다. 안면도 특유의 해안사구도 대부분 파
괴되어버렸다. 그나마 창기리 기지포해수욕장의 해안사구가 잘 보존
되어 있다.

안면도에 역사를 묻다

2019년에 안면도 영목항과 보령군 원산도를 잇는 원산안면대교가 개통되면서 안면도는 관광어촌으로 한 발 더 내딛었다.

2020년에는 천수만을 땅속으로 관통하여 보령시 대천항에서 원산도를 잇는 보령해저터널이 완공될 예정이다. 보령해저터널이 포함된 보령-태안 도로가 완공되면 안면도와 대천해수욕장을 연결하는 관광 벨트가 구축되어 지역경제 활성화와 지역 주민의 생활 여건 개선에 획기적인 기여를 할 것으로 기대된다. 이제 안면도는 해안일주도로와 30년 숙원 사업인 안면도 지포 지역 개발을 준비 중이다. 이러한 사업들이 완료된다면 안면도는 서해안 관광·물류 중심지로 부상할 것이다. 영원히 잠만 잘 것 같던 안면도가 이제는 다시 세계의 관광객들이 밀려드는 아름다운 섬이 될 것으로 기대한다.

'봉천동 슈바이처'
윤주홍 박사

윤주홍 박사는 안면도 중장 2리에서 태어났다. 윤주홍 박사와 나는 《월간문학》 수필 동인 '대표에세이문학회' 선후배 사이로 만났다. 윤 박사는 《월간문학》에 수필로 1990년 등단했고, 나는 2000년 7월에 등단했다. 수필가로 등단패를 받는 날 윤주홍 박사는 내가 서산 사람이라는 것을 알고 장미꽃 한 송이를 들고 뛰어와 나를 고향 후배라고 축하해주었다. 그만큼 후배 사랑이 애틋하고 정이 많은 분이다.

윤주홍 박사는 충남대학교 국문학과를 졸업한 후 늦깎이로 고려대학교 의과대학을 졸업하고 의사가 되었다. 윤주홍 박사가 '봉천동 슈바이처'라는 닉네임을 얻은 것은 소외되고 불우한 곳을 찾아 의료봉사의 선두에서 몸을 아끼지 않은 결과였다.

윤주홍 박사는 경찰병원에 근무할 때부터 의사가 없는 섬에 무료 진료를 다녔다. 한번 찾은 섬은 보통 10년 넘게 다니며 진료했다. 서산 앞바다 쪽에는 가보지 않은 섬이 없다. 안면도에서 배를 타고 가야 하는 외도는 무려 30년 넘게 다니며 진료를 계속했다. 외도는 꽃지해수욕장에서 눈으로는 보이지만 여객선과 유람선이 다니지 않는 외진 섬이다. 자비로 배를 빌려 타고 30년을 한결같이 무료 진료를 다닌 것이다. 윤주홍 박사는 1972년부터 그렇게 의사가 없는 섬을 찾아 무의촌 진료를 계속했다.

경찰병원을 나와 처음으로 병원을 연 곳은 동작동이었다. 그곳에서 윤주홍 박사는 일생에서 가장 가슴 아픈 일을 당한다. 바로 병원 앞에서 교통사고로 딸을 잃은 것이다. 어느 날 진료를 보고 있는데 택시운전사가 피투성이가 된 어린 소녀를 안고 진찰실로 들어왔다. 소녀의 가슴에 청진기를 대던 윤주홍 박사는 그만 아연실색하고 만다. 그 소녀는 바로 자신의 딸이었다. 개나리가 피던 3월, 눈에 넣어도 아프지 않을 셋째 딸을 그렇게 잃고 윤주홍 박사는 한동안 의사 가운을 벗는다.

그 후부터 꼬박 1년을 아이가 묻힌 산자락에 찾아가 하루해를 보내다 오곤 했다. 왕복 다섯 시간이 걸리는 거리였다. 어느 날 산에서 내려오다가 양 떼를 만났다. 조그만 개울 앞에서 양들은 냇물을 건너지 않으려고 목동과 실랑이를 하고 있었다. 한참 동안 양을 몰던 목동이 도저히 안 되겠는지 어딘가에서 나무토막 두 개를 구해와 냇물에 가로질러 얹어놓고 새끼 양을 먼저 보내니 어미 양들이 그 뒤를 따라 무사히 내를 건넜다. 그 모습을 본 윤주홍 박사는 그 자리에서 무릎을 꿇고 천국으로 먼저 간 딸을 생각하며 다시 흰 가운을 입었다.

봉천동이 개발되기 전 윤주홍 박사는 그곳에서 병원 문을 열었다. 그곳은 병원비를 낼 수 없는 가난한 환자들이 태반이었다. 윤주홍 박사는 치료를 해주고 돈이 없으면 그대로 돌려보내며 "예수 믿으세요"

라고 말했다.

당시 가난한 달동네 봉천동에서는 윤주홍 박사를 모르면 간첩이었다. 윤 박사는 돈보다 생명이 먼저라는 신조로 살았다. 생명이 위독한 환자를 찾아 무료로 왕진을 다녔다. 돈이 있으면 받고 없으면 받지 않았다.

어느 날은 집을 마련한 돈이 없어 산자락에 굴을 파고 사는 집에 왕진을 가고, 어떤 날은 다 쓰러져 가는 판잣집들도 무시로 드나들었다. 어느 날 저녁 무렵, 꾀죄죄한 남자가 헐레벌떡 찾아와 사람이 죽어간다고 왕진을 가자 했다. 청진기와 주사기를 주섬주섬 챙겨 찾은 곳은 땅을 파서 만든 굴이었다. 컴컴한 굴속으로 더듬더듬 들어가니 다 죽어가는 폐렴 환자가 누워 있었다. 간신히 응급처치를 하고 주사를 놓고 나니 한밤중이었다. 돈은커녕 물 한 모금도 대접할 수 없는 가난한 집이었다. 가방을 챙겨 집으로 돌아오는 길이었다. 깜깜한 골목길로 접어들 무렵 2인조 강도가 나타나 윤 박사의 목에 칼을 들이댔다. 얼결에 왕진 가방을 내밀며 가진 것은 이것밖에 없다고 가방을 건네고 주머니를 뒤지는 대로 몸을 맡겼다. 전봇대 불빛으로 가방을 가져간 강도가 왕진 가방을 열어보고는 다른 강도에게 말했다.

"아, 어떡하지? 윤주홍 의원이야. 며칠 전에 내 아들을 공짜로 치료해줬어."

그 말에 강도는 칼을 얼른 거두고 둘 다 도망쳤다. 윤 박사는 그제야 왕진 가방을 주워 들고 집으로 왔다. 다리가 떨려 한참 동안 진정이 되지 않았다.

윤주홍 박사

윤주홍 박사의 이야기를 들으면 진정한 봉사란 어떤 것인지 새삼 깨달으며 부끄러운 마음이 들 때가 많다. 그가 들려준 다른 이야기도 너무나 감동적이다. 점심시간이 다 되어 오전 진료를 마칠 때였다. 철 가방을 든 소년이 급히 들어와 철가방을 열고 자장면을 꺼냈다.

"애야, 난 자장면을 시키지 않았는데."

그러자 소년이 땀에 젖은 이마를 훔치며 말했다.

"선생님, 저 모르시겠어요? 저 공짜로 치료해주셨잖아요. 저 수유 리에 있는 중국집에 취직했어요. 수유리에서 버스 타고 자장면 가지 고 왔어요. 선생님 드리려고요. 예전에 자장면을 좋아하신다고 하셔서 요."

봉사는 감동을 낳고 감동은 또 다른 소명의식을 낳아 세상이 훈훈 해지고 따뜻해지는 것일 게다. 어느 날부터 방송국 기자들이 찾아와 의료봉사를 계속하는 윤주홍 박사에게 '봉천동 슈바이처'라는 별명을 지어줬다. 그 뒤로 사흘이 멀다 하고 기자들이 들락거렸다. 그러나 윤주홍 박사는 하찮은 일로 이름이 오르내리는 게 부끄럽다며 한사코 사양했다.

윤주홍 박사가 단지 무료 진료 활동만 한 것은 아니다. 1996년부터 관악장학회를 설립해 학비가 없어 공부를 계속할 수 없는 학생들에게 장학금을 주기 시작했고 장학회 이사장을 맡았다.

윤주홍 박사는 여러 곳에 이름이 알려지는 걸 한사코 사양했으나 진정한 봉사는 사회를 비추는 등불이 되게 마련이다. 나라에서도 국민훈장 동백장 훈장을 수여했고 서울시민 대상으로 뽑힌 해 정조대왕으로 분해 어가 행렬도 했다.

윤주홍 박사는 멋진 문학인이다. 수필로 등단한 후 수필집도 여러 권 냈다. 1990년부터 수필집 《참사랑을 나눈 사람》, 《뻐꾸기, 산문에서 울다》, 《오매 수필의 멋과 맛》, 《고구려의 자존심》, 《어느 달동네 의사의 작은 소망》에 이어 몇 년 전부터는 시조집 《매향을 훔치다》, 《한겨울 아꼈더니》, 《포구 가는 길》을 펴내는 등 문인으로서도 활발히 활동하고 있다.

윤주홍 박사는 안면도가 낳은 봉사의 별이며 안면도가 낳은 멋쟁이 문인이다. 세 살 때 안면도를 떠나셨지만 《안면도지》에 올라 있으니 안면도가 자랑하는 출향인이다.

윤 박사님을 만난 지도 어느덧 만 20년이 된다. 그동안 자상한 의사로서, 고향 선배로서, 선배 문인으로서 나는 윤 박사님께 참 많은 도움을 받았다. 이제 구순을 코앞에 두서서 작년 말에 병원도 접으시고 단골 환자들을 위해 월, 화, 수 사흘만 집에서 가까운 병원에서 진료를 하신다. 대단한 노익장이고 정신력이다.

사모님이 오래전부터 편찮으신데 눈과 귀가 어둡다니 안타깝기만 하다. 부디 두 분이 건강하셔서 오래오래 사시길 빈다.

안면도 숙원 사업의 해결사,
진승균

　원래 섬이 아니던 안면곶이 조운의 편리성 때문에 섬이 된 후 안면도 주민들은 육지와 고립된 채 오랜 세월을 불편하게 살았다. 안면도 주민들은 다시 육지로 자유롭게 오갈 날을 꿈꾸며 안면도를 다시 육지와 이어줄 연육교 설치를 오랜 숙원 사업으로 삼았다. 결국 안면도 주민 전체가 한마음으로 뭉쳐 그 뜻을 성사시키고 마는데, 그 역사적 성과의 중심에 진승균 안면인이 있다.

　진승균은 1917년 1월 9일, 안면읍 승언리에서 태어났다. 1917년은 국내외에서 독립운동의 새로운 불씨를 막 지피기 시작하는 중요한 시기였다. 그가 태어난 1917년에는 러시아혁명이 일어나 연해주 독립운동의 양대 산맥인 최재형과 문창범의 전로한족중앙회가 창설되어 이후 최초의 임시정부인 대한국민의회가 탄생하는 바탕이 되었고, 바로 다음 해인 1918년에는 중국 동북삼성에서 김좌진, 서일, 김동삼 등 39명이 〈대한독립선언서〉를 채택, 발표했다. 같은 해 미국의 윌슨 대통령이 식민지 국가의 독립운동에 많은 영향을 끼친 민족자결주의를 제창했으며, 이듬해인 1919년에 조선 독립에 전환점 역할을 한 3·1

만세운동이 들불처럼 일어났다.

안면도도 예외는 아니었다. 고남면에서 3·1만세운동이 일어났다. 당시 안면도는 광영신숙이 안면도공립보통학교로 개편되는 준비 등으로 변화의 바람이 불던 시기였다.

진승균은 일제강점기에 태어나 해방을 맞을 때까지 청장년기를 안면도에서 보내면서 안면도인의 가장 절실한 숙원 사업인 안면도 연육교 공사를 책임지고 완성해낸다.

"역사는 흘러간다. 시대는 변한다. 와져야 할 줄 알면서도 오려니 꿈도 못 꾸던 날이 왔다. 고난의 역사에 해방이다." 이는 함석헌 선생이 《뜻으로 본 한국의 역사》에서 '해방'을 맞이한 새날을 기록한 내용이다. 대한인들이 간절히 소망하던 광복의 날이 온 것이다. 광복을 맞이한 후 안면도인들도 속속 행정의 중심에 참여했다. 애국지사 이종헌 선생이 1945년 12월 안면면장을 수행하여 안면도인들의 독립에 대한 열망이 행정의 현실로 반영되었고, 그 후 1947년 5월 10일부터 1952년 8월 16일까지 진승균이 안면도 부면장직을 수행한다.

진승균이 부면장을 수행한 시기는 총선거를 통해 제헌국회를 구성하고 군정에서 벗어나 대한민국 정부를 수립하던 시기였다. 또한 동족상잔의 한국전쟁이 벌어지던 시기에 진승균은 안면도 행정의 최일선에서 수많은 갈등과 어려움을 몸소 감내하고 고뇌했다. 그 시기 진승균은 1952년 서산 교육구 교육위원으로 피선되었고, 한국전쟁이 끝난 1955년 12월 안면중학교 사친회장을 맡아 행정의 경험을 살려 교육행정의 선두에서 후학을 육성하는 일을 담당했다. 그 후 교육계를 떠나 새로운 변화를 모색하던 진승균은 1961년 안면농지개발조합장에 임명된다.

조운의 편리함 때문에 섬이 되어버린 탓에 안면도민은 홍성군의 광천, 오천 등을 오가는 장배와, 영목항에서 출항하는 배를 이용해야 외부로 나갈 수 있었다. 그런 탓에 자연스레 의료와 보건, 행정이 낙후되어 안면도인들은 삶의 질이 떨어질 수밖에 없었고 세월이 갈수록 연육교 건설에 대한 열망은 점점 더 커져갔다.

이러한 안면도인들의 열망을 간파한 진승균은 1962년 6월 1일 안면연육교추진위원장으로 선출된다. 연육교 사업을 위해 가장 먼저 필요한 것이 안면인들의 염원을 담은 청원서였기에 진승균은 〈안면연육교 가설 청원 소청서〉를 준비했다. 추진위원장을 맡은 진승균은 성태영 씨를 비롯한 11인의 위원과 1,080명의 안면도민들의 동의를 받아, 1963년 11월 11일 청원서를 작성했다. 이어 1964년 2월 다시 추진위원장에 선출된 진승균은 당시 안면면장 채규송과 안면농협, 안면임야관리소, 안면중학교장, 안면국민학교장, 안면우체국장 등 안면도 행정기관 및 유관단체장들과 합심하여 청원서를 추가 작성하여 정부에 제출했다.

이러한 노력이 결실을 맺어 드디어 안면도 연육교 건설이 결정되었다. 1966년 4월 22일부터 1970년 12월 10일까지 장장 4년 8개월에 걸쳐 연인원 11만 여명이 안면도 연육교 공사에 동원된 끝에, 1970년 12월 21일 준공식을 올릴 수 있었다. 이로써 안면도 최대의 숙원 사업인 연육교 개통이 현실이 된 것이다.

연육교가 개통됨으로써 안면도민의 삶은 이전과 확연히 달라졌는데, 그러한 변화는 크게 세 가지로 정리할 수 있다.

첫째, 낙도 생활을 모면하게 된 안면도민의 자신감과 자긍심이 커졌다.

둘째, 육지의 보건 · 의료 기관을 쉽게 이용할 수 있게 됨으로써 안면도민의 삶의 질이 크게 향상되었다.

셋째, 행정 기능이 강화되고 문화 교류가 가속화되었으며 특히 농수산물을 육지와 직거래할 수 있는 길이 열려 안면도 지역경제 발전에 큰 도움이 되었다.

안면도민들 모두의 노력과 염원 덕분에 이어진 연육교는 안면도를 고립된 섬에서 개방된 섬으로 변화시켰고, 안면도는 이제 대한민국 관광의 중심으로 발돋움하고 있다.

이처럼 안면도 연육교 개통은 행정, 경제, 의료 등 실질적인 생활환경의 변화로 이어져 안면도 발전의 원동력이 되었고, 이러한 변화의 중심에 진승균이 있었다. 진승균의 후손들도 안면도 발전에 기여했는데, 아들 진태구는 태안군수를 역임했다.

6. 안면도 소나무, 그 수난의 역사

천년의 보고
안면도 황장목

안면도의 송림은 고려 시대 이래 국가의 금송정책禁松政策에 따라 줄곧 봉산封山으로 지정되어 보호를 받았다. 봉산이란 나라에서 나무 베는 일을 금지하는 산을 말한다. 조선 시대에도 안면도는 황장목黃腸木 생산지로 지정되어 있었다. 황장목이란 임금의 관을 만들 때 쓰는 연륜年輪이 오래된 소나무다. 안면도 소나무는 '안면송'이라는 별칭을 얻을 정도로 융숭한 대접을 받았다. 이후에도 궁궐을 짓거나 군선을 제조할 때는 안면송을 사용했다. 수원 화성의 궁궐목으로 쓰였고, 숭 례문을 복원하는 데에도 400여 그루(송능권씨 기증)가 쓰였다. 1978년 에는 정부에서 115만 제곱미터에 달하는 소나무 숲을 유전자 보전림 으로 지정했으며, 유엔이 인정하는 '세계 100대 숲'에도 안면도 소나 무 숲이 들어가 있다.

조선 초기 안면곶에 대한 기록을 찾아보면 소나무 관리 및 목장과 관련된 기사가 적지 않다. 세조 3년(1457) 1월 16일 도순찰사 등이 충 청도 연해 지역을 순시하고 올린 보고를 보면 '안면곶에 염부鹽夫와 잡인들이 들어가 소나무를 작벌하고 있어서 이들 때문에 안면도의 소나무가 거의 없어질까 염려되니 거주하는 백성들을 쇄출하자'라고 논의한 기록이 보인다.

즉 당시에도 안면도에는 주민들이 살았고, 그들은 대체로 염업(염전)이나 어로 등에 종사했다. 그런데 이들이 소나무를 작벌하므로 정부에서는 소나무 관리를 위해 안면도에 살던 주민들을 쇄출(刷出, 샅샅이 뒤져서 찾아냄)하고자 한 것이다. 또한 물과 수초가 풍부한 안면곶을 국가의 종마를 길러내는 목장으로 지정하여 성종 때는 안면도에서 방목하는 말이 354마리에 달했다는 기록도 있다.

'소나무'라는 단어의 어원을 놓고는 여러 가지 설이 있다. 소나무의 솔은 '으뜸'이라는 뜻으로, '수리'가 솔로 변화했다고도 한다. 또한 중국의 진시황제가 소나무[木] 덕에 비를 피하고 나서는 공작[公]의 벼슬을 주어 나무공작[木公]이 되었는데, 이 두 글자를 합쳐서 소나무 송松 자가 되었다고도 한다. 잎의 색깔이 언제나 변치 않는 상록수常綠樹라는 뜻도 있어 소나무를 그 대표적인 것으로 삼았다. 선조들은 소나무를 송백지무松柏之茂라 하여 '번영'과 '장생'의 의미를 덧붙이기도 했고, 송백지조松柏之操라 하여 굳은 '절조'와 '기개'를 소나무에 빗대기도 했다.

소나무에서 나오는 피톤치드는 심신을 안정시키고 피로를 풀어준다. 그래서 경쟁 사회에 지친 현대인들에게 소나무 숲은 삶의 여유를 주고 긴장을 풀어주는 산림 치료제 역할도 한다.

물질적 측면에서 보면, 소나무는 건축 용재用材로서의 기능이 크다. 가장 영예로운 쓰임은 황장목이었고, 궁궐, 절, 중요 문화재, 선박을 건축하는 데 요긴한 목재다. 더러는 공원에서 조경수의 역할을 하고, 소나무 뿌리인 복령은 약재로 요긴하게 쓰인다.

우리나라는 전 국토의 70퍼센트 이상이 임야라서 산림이 많은 비중을 차지한다. 과거에는 특별히 보호하는 곳을 제외하고는, 대부분 산림을 채벌하고 불살라 농사를 짓는 밭으로 썼다. 안면도에서도 소나무를 선박 재료와 궁중의 용재로 써왔으며, 또 소금을 굽는 땔감으로 다량 소비했고, 도벌과 남벌도 성행했다. 아울러 인구가 급증하자 땔감이나 가구, 건축 재목으로 남벌했다. 그러자 세조 때는 인민 쇄출론까지 대두되어 일부 안면도민을 태안으로 쫓아내기도 했다.

《세조실록》 9권, 세조 3년 10월 2일 기사에 다음과 같은 기록이 있다.

> 사복시 제조司僕寺提調가 또 아뢰기를, "충청도 서산 안면곶이 목장은, 물과 풀이 다 같이 풍족하기 때문에, 양마良馬만을 가려서 방목하고, 또 조선造船의 재목이 모두 여기에서 나오는데, 염부鹽夫와 한잡인閑雜人이 들어가 거처하며, 나머지 소나무를 베어내고, 또 사가私家의 가축을 놓아서 관마官馬와 더불어 섞여 있습니다. 청컨대 안면곶이에 거주하는 백성을 조사 색출하여, 이를 태안泰安 독진곶이禿津串]로 옮기게 하고, 독진곶이에 놓아기르던 말은, 안면곶이와 기타 물과 풀이 함께 풍족한 목장으로 옮겨 방목하게 하소서" 하니, 모두 그대로 따랐다.

이후 조선 왕조는 개국에 따른 궁궐 신축, 왕실의 관을 만드는 재궁

梓宮, 세곡선 건조 등으로 소나무 수요가 크게 늘자 함부로 베지 못하게 '송목금벌松木禁伐'이라는 송금 정책을 쓰기 시작한다. 대표적인 송금 정책으로 황장목을 보호하기 위해 백성들의 입산을 금한 황장봉산黃腸封山 제도가 있었다.

《중종실록》81권, 중종 31년 1월 11일 기사를 보면 다음과 같은 기록이 있다.

동지사 허흡許洽이 아뢰기를, "국가가 소나무를 기르는 것은 병선兵船과 조선漕船을 만들기 위해서입니다. 변산邊山과 안면곶安眠串에 소나무를 기르는 것은 병선과 조선을 만들기 위한 큰 계획입니다만, 지금은 다 베어내어 영선營繕하는 곳에 쓰고 있으므로 나라의 근본이 되는 병선과 조선의 계책이 너무나 허술해졌습니다. 재목은 반드시 1백 년 동안을 기른 다음에야 쓸 수 있는 것인데 요즘 보루각報漏閣 등처의 영선하는 곳에서도 다 베어다 쓰고 있으니, 신의 어리석은 생각에도 매우 온당하지 못하게 여겨집니다" 하자 안로가 아뢰었다. "토목공사가 과연 옛날보다 많습니다. 모든 토목공사를 일으키는 일은 부득이한 일이 아니면 하여서는 안 됩니다."

조선 중종부터 안면도를 황장봉산으로 지정하여 국가가 관리하게 되면서, 수군절도사 관할하에 두어 감동소監董所를 설치하고 감관(산지기)을 배치하여 관리했다.

안면도 소나무는 영호남을 구휼하는 데 쓰이기도 했다.《정조실록》

35권, 정조 16년 9월 5일 기사를 보면 "좌의정 채제공이 안면도의 풍락송을 매매하여 영남과 호남의 진자(賑資, 빈민 구제에 필요한 물자)에 충당할 것을 청하니, 허락하였다"라고 나와 있다.

《정조실록》16권, 정조 7년 10월 29일 기사를 보면, 아래와 같은 기록이 있다.

> 안면도는 선재船材의 봉산封山인데도 도끼와 자귀가 날마다 드나들어 도벌盜伐이 갈수록 심해지고 있는 데다가, 함부로 일구는 폐단이 있기까지 하여 극도에 달하게 되었다. 아름드리의 목재가 이미 남김없이 다 베어버렸고 파식播植하는 규정도 방치하고 거행하지 않았으니, 당초에 거듭 금단하지 않은 수신帥臣과 수령은 의당 죄가 있게 되거니와, 도벌한 사람이나 개간한 사람도 또한 당률當律이 있으니, 반드시 염탐하고 검찰하여 준엄하게 감단勘斷해야 한다.

나무를 베지 못하도록 한 봉산인데도 도벌이 갈수록 심해지고 산림을 농지로 개간하는 일이 끊이지 않은 것이다. 그러자 조선 조정에서도 더 이상 좌시하지 않고 이러한 폐단을 막지 못한 지방관을 파직한다.《고종실록》25권, 고종 25년 3월 2일 기사를 보자.

> 내무부內務府에서 아뢰기를, "안면도 봉산의 소나무를 몰래 베는 폐단에 대한 소문이 자자하기 때문에 본부本府에서 감관監官을 정하여 규찰하게 했습니다. 해당 수신帥臣이 감영의 신칙을 평계대고 방보防報를 제대로 하

지 않으며 상사上司의 행회行會를 아무것도 아닌 것처럼 보고 있으니 사체事體로 헤아려 볼 때 참으로 대단히 놀라운 일입니다. 전 충청 수사忠淸水使 구연창具然昌에게 파면의 형전을 시행하소서. 비록 도신道臣으로 말한다 하더라도 경책하지 않을 수 없으니 충청 감사忠淸監使 민영상閔泳商에게 추고하는 것이 어떻겠습니까?" 하니, 윤허하였다.

안면도 소나무는 1945년 8월 15일 광복과 더불어 충청남도에서 출장소를 두어 관리하다가, 1953년 7월 1일 서울 영림서營林署로 이관 관리하게 된다. 그 후 농림부에서 충청남도, 서산군, 태안군으로 도유림道有林으로 이속되어 현재에 이르고 있다.

아소 가문의 아소 다키치와
전범기업 마생상점(아소상점)

안면도 일금 82만 3,000원에 일본인에게 팔리다

안면도를 헐값에 산 일본인은 누구일까? 바로 일본 재무상 아소 다로麻生太郎의 증조부 아소 다키치(麻生太吉, 1857~1933)다. 아소 가문의 인물을 소개하면, 다로 일본 재무상의 증조부가 아소 다키치이고, 다로의 조부는 아소 다가키치(麻生賀吉, 1887~1980)다.

아소 다키치

다로의 증조부 다키치는 1918년 아소상점 사장에 취임한 후 1927년 안면도에 임업소를 설치하고, 여기에서 소나무를 벌채하여 자신이 운영하는 탄광에 갱목으로 이용했다. 1930년대에는 조선에서 원동광산과 보성광산 등

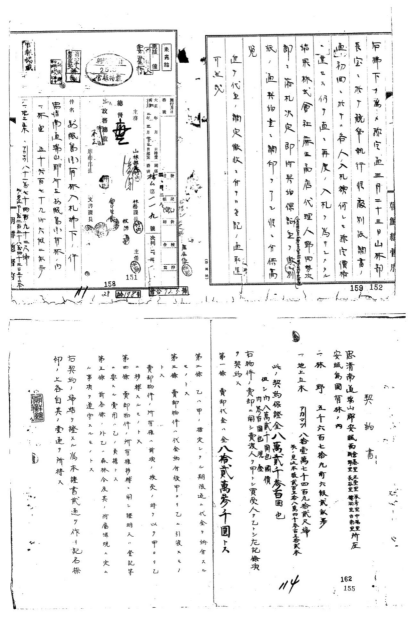

아소 가문 경매 문건

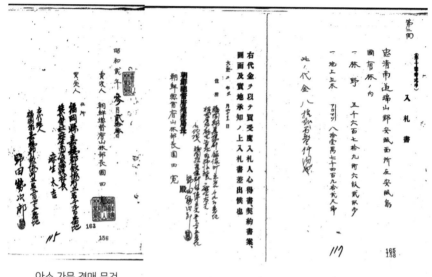
아소 가문 경매 문건

에도 손을 뻗었다.

아소상점은 33개의 회사로 이루어진 거대한 조직이다. 아소상점 (마생상점)은 자본금 500만 엔으로 1918년 5월에 주식회사로 탈바꿈하고 설립자 다키치가 사장으로 취임했다. 《마생상점 100년사》에 따르면, 마생상점은 1857년 8월 26일 설립되었다고 한다. 원래 1887년 무렵부터 아소상점이라는 명칭은 있었지만, 개인 조직이고 사무실도 방 하나에 허술한 책상 몇 개가 놓인 수준이었다. 때에 따라서는 탄갱 현장으로 옮겨가는 등 회사다운 조직이 아니었다.

그러나 주식회사로 변경한 뒤에는 광산, 토지, 산림, 해탄 제조, 석탄, 기타 물품 판매, 해상운수, 기계류 제작 등 탄광업과 관련한 모든 사업에 손을 뻗었다. 그 후 1920년 1월에 자본금을 배액인 1,000만 엔으로 늘리고, 이어서 1923년 1월에는 1,500만 엔(불입 1,220만 엔)으로 증자했으며 오사카, 고베, 오카야마 등에 지점과 출장소도 증설했다. 1947년 9월에는 1933년에 창립한 가마광업주식회사(嘉麻鉱業株式会社, 자본금 100만 엔·불입 50만 엔)를 흡수하여 자본금을 1,600만 엔(불입금 1,220만 엔)으로 늘렸다.

아소상점이 보유한 탄광구 총면적은 508만 7,000평, 채굴 광구는 2,075만 1,000평(그중 금속광구 172만 8,000평)에 달했다. 시굴 광구는 2,393만 6,000평(그중 금속광구 547만 9,000평)에 석탄 추정 매장량은 2억 1,250만 톤, 그 출탄량은 연간 약 125만 톤에 이르렀다. 광업소로는 강분광업소綱分鉱業所 아카사카갱赤坂坑, 츠나가와광업소綱分坑, 요시쿠마광업소吉隈鉱業所, 야마우치광업소山内鉱業所, 가미미오광업소上三緒鉱業所, 마메다광업소豆田鉱業所, 아타고광업소愛宕鉱業所 등 7곳 외에 요시쿠마탄광吉隈炭鉱所 소속 연탄공장이 있었고, 금산(金山, 금광)으로는 조선에 원동금산遠東金山과 안성금산安成金山이 있었다. 이 밖에 부차적인 사업을 수행하는 회사로 방웅제공소芳雄製工所, 안면도임업소, 야마우치농장山内農場, 벳푸농장別府農場, 벳푸토지別府土地 및 온천경영, 이즈카병원飯塚病院 등이 있었다.

덧붙여 석탄 판매소로는 오사카, 고베, 와카마쓰 각 지점 외, 도쿄, 나고야에 출장소가 있었다. 그 무렵 종업원은 직원 814명, 노무자 8,550여 명에 달했다.

전후 석탄 광산이 폐쇄됨에 따라, 마생상점을 이끌어 가는 중심 회사는 아소시멘트가 되었다. 아소시멘트는 2001년에 '주식회사 아소'

로 회사명을 바꾸고 프랑스 라파쥬 자본의 참가에 따라 시멘트 부문을 분리했다. 분리된 마생의 시멘트 부문은 태평양시멘트의 생산 수탁 부문과 미쓰이광산의 석회석 광산과 시멘트 공장을 매수해, 2004년에 아소라파쥬시멘트가 되었다.

현재 주식회사 아소를 중심으로 시멘트 등의 그룹 계열사 60여 개를 보유한 아소콘체른이 후쿠오카를 중심으로 형성되어 있다. 그룹 전체 총매출액은 2005년도 기준 1,450억 엔에 달한다. 다로는 아소그룹의 중심 기업인 아소시멘트 전 사장이고, 주식회사 아소 사장은 그의 동생이다.

일본인에게 안면도가 팔렸다는 소식을 전하는 〈신한민보〉의 기사를 보자.

안면도 일인 부호에게 팔리다
'8천 명 사는 안면도 일인 부호에게 팔리었다고, 도주는 일인 이민경영'
서해의 낙원이라는 충청남도 서산군 안면도는 본래 왕궁의 관곽 재료를 바치는 곳으로서 남북 칠십 리 총면적이 육천삼십 정보라는 큰 섬으로 섬 안에 수목이 창천하였고 경치가 비옥한 데다 노루와 사슴 같은 산짐승이며 두루미 같은 새들이 깃들어 그 안에 사는 팔천 명의 주민은 섬과 같이 누워 자면서 먹고산다는 섬인데 이번에 왜 총독부에서 그 섬의 삼림을 방매키로 되어 입찰시킨 결과 왜 마생태길에게 팔십이만 삼천 원에 팔렸다는데 이 섬은 형식으로는 삼림 지역만 팔린 것같이 되었으나 실상은 그 섬의 경작지가 있을 뿐이므로 사실상 섬 전부가 팔린 것이 되고 왜 마생태길은 이 섬의 왕이 되었는데 이 섬의 생산품으로는 농산액 백사십만 원염산액 이만 원 외에 림야가 오천육백칠십구 정보임으로 마생은 왜 이민을 모집하여 이루케 한 후 제재소를 설립하여 채벌을 하고 유리 만드는 원료 사암을 채굴하라더라.

기사 중에 "왜 마생태길"이라는 문구가 있는데 '왜'는 '일본인'이고 '마생태길'은 바로 '아소 다키치'다. 이 마생태길이 "이 섬의 왕이 되었"다는 표현이 가슴을 친다.

위 기사를 보면, 당시 안면도의 면적과 인구, 그리고 경제, 산업구조를 자세히 알 수 있다. 반농반어에 산림이 아름답고 산짐승 등이 잘 보존되었으며 주민들의 생활이 꽤 풍족했음을 알 수 있다. 1927년에 안면도 인구가 8,000명이었다는 사실도 놀랍다.

당시 조선총독부는 국유림이었던 안면도를 식민 재정을 충당하기 위해 매각하기로 했다. 그때 아소상점과 동양척식주식회사가 입찰을 했는데, 동양척식주식회사는 바로 한 해 전인 1925년에 나주 지역에서 발생한 토지 수탈 사건으로 여론의 따가운 눈총을 받고 있었기에 아소상점에게 매각했다. 이후 다키치는 일본 국적의 임성삼(하야시)을 초대 소장으로 임명해 안면도 경영을 맡겼고, 안면도 사람들은 아소상점을 마생상점이라고 불렀다.

임성삼은 어떻게 다키치의 눈에 들었을까?《아소 다키치 전기》를 보면 '안면도 경영의 정신'이라는 글에 다음과 같이 나온다.

조선 김해의 구포농장을 가노加納 집안에서 경영했다. 인근 야석원 농장 경영주였던 임성삼이 구포농장을 위탁하여 경영했다. 가노 집안에서 조선의 농장을 경험해본 임성삼을 아소 다키치에게 소개했다. 다키치는 구포농장과 야석원을 경험해보았고 당시 세족운동(융합운동)의 주창자였던 임성삼을 고용 형태로 안면도임업소장으로 발령을 낸다.

다키치의 장남 다로太郎의 딸 가노加納가 한일강제병합 당시 두 번에 걸쳐 한국을 방문했다. 가노는 아소상점 경영을 위해 조선에 파견할 사람을 물색하던 중 경남 김해 구포에서 야석원을 운영하던 청년 임성삼(하야시)을 만나게 되었다.

마생상점은 일본 규슈에서 탄광을 경영하는 대부호 다키치의 회사였다. 다키치는 탄전 개발로 지역에서 명성을 쌓은 후 1872년부터 석탄 채굴을 시작해 1880년대 후반에는 아소상점이란 이름으로 탄광을 경영했다. 1899년에는 중의원 의원이 되었고 청일전쟁, 러일전쟁에 따른 전시체제하에서 막대한 부를 축적했다. 그는 일금 82만 3,000원에 안면도의 산림과 토지를 낙찰받아 임업소 개설 및 경영권을 확보했다.

안면도임업소 경영에 대해 다키치는 자신이 쓴 책에서 "안면도는 내지(일본)에서는 도저히 볼 수 없는 훌륭한 나무들이 가득하다. 내가 이 섬에 눈독을 들인 것은 내 광산에 사용할 갱목이 연간 4,000만에서 5,000만 엔 정도 비용이 들어가는데, 이 섬이 있으면 경영에 매우 도움이 되기 때문이다"며 "당장 제재소를 설치하여 나무를 베어내고 싶다"고 그 매수 동기를 설명하고 있다.

일본 재무상 아소 다로의 가문

1. 아소 다키치麻生太吉

1872년 석탄사업 시작

1899년 중의원 당선

1918년 (주)아소상점 사장 취임

1933년 ㈜산업시멘트철도 사장 취임

1933년 사망

2. 아소 다가키치麻生賀吉

1934년 (주)아소상점, 산업시멘트철도 사장 취임

1941년 (주)아소상점에서 아소광업사로 개칭

1951년 (주)규슈전력 회장 취임

1971년 (주)산업시멘트, (주)아소광업 합병

1971년 (주)아소생지소 설립

1980년 사망

3. 아소 다로麻生太郎

1973년 아소기업 사장 취임

1979년 중의원 출마 당선, 아소기업 사장 사임

2000년 경제재정정책담당

2001년 자민당 정조회장 역임

2003년 일본 총무상

2004년 자민당 정조회장

2005년 일본 외상

2020년 일본 부총리(재무상)

안면도에 역사를 묻다

안면도
소나무 역사

안면도를 찾는 관광객이 반드시 들리는 곳이 있다. 승언 3리 조개산 일대의 안면도 자연휴양림이다. 이곳은 대한민국 최고의 휴양림으로 잘 보존된 안면송을 만끽하며 휴식을 즐길 수 있는 곳이다. 휴양림에는 산림 전시관이 있고, 채광석 시인을 기리는 시비광장도 있다. 산책로도 잘 조성되어 있어 심신의 건강과 휴식에 모두 도움이 되는 관광지로 자리매김하고 있다. 이렇게 언제나 한결같은 모습으로 장관과 휴식을 선사하는 안면송도 일제강점기에 시련을 겪어야 했다.

조선총독부로부터 안면도를 사들인 다키치는 1927년에 안면도임업소를 설치, 큰 나무를 벌채하여 군산, 인천을 거쳐 일본으로 운반했다. 안면도 소나무 원목은 탄광의 지주 등을 만드는 데 사용했다. 전시에는 이 섬에서 송진을 군수품으로 채취해 수익을 올렸다. 다키치가 조선에서 자원을 약탈하는 데도 관여한 것이다.

안면도임업소에서 파악한 안면도 산림통계자료를 살펴보면 대부분 국유지이며 안면도 총면적 9,000정보町步 중 밭이 약 1,000정보, 논이 약 1,000정보, 임지林地 면적 성림成林 지역 약 6,500정보, 미림未林 지

안면도 자연휴양림

역 500정보, 면 소유림 600정보, 안면도임업소 소유림 약 6,000정보
였다. 1년 주벌主伐 면적은 약 500정보, 간벌間伐 면적은 800정보, 1년
벌채伐採 총량은 약 8만 적재였다. 그중에서 우량목(수령 70~80년)은
각처에 보급하고, 30년 정도 된 장령림은(안면도 소나무는 약 30년 정도
된 장령이 주종) 토공용재로 사용했다.

　아래는 마생상점 안면도임업소 소장 임성삼이 낸 통계와 의견이다.

총면적	경지면적		임지면적	
	수전	한전	성림지	미입목지
약 9,000정보	약 1,000정보	약 1,000정보	약 6,500정보	약 500정보

임지면적 7,000정보를 소유별로 나누면 다음과 같다.

면 소유림	안면도임업소 소유림	기타
약 600정보	약 6,000정보	약 400정보

안면도에는 1,600가구가 있고, 인구는 1만 명이었다. 그중 일본인은 약 50명, 나머지는 다 조선인이었다. 직업별로 나누면 다음과 같다.

농업	어업	상업	기타 직업	무업
1,000가구	170가구	160가구	170가구	100가구

안면도임업소가 관리한 삼림의 관련 수치는 다음과 같다.

임업소가 소유한 삼림의 총면적이 약 6,000정보인데, 그중 미입목지는 300정보이고, 대부분은 양질의 홍송 밀림이다.

수십 년 전에 경복궁을 보수할 때 쓴 양질의 나무는 대부분 안면도에서 벌채한 노령의 소나무다. 요즘에는 큰 소나무가 비교적 적은데 안면도에는 여전히 70~80년 수령의 나무가 상당수 남아 있다. 또한 안면도에 있는 나무들은 수령이 대부분 30년 이상이고 특히 질 좋고 꼿꼿한 나무를 가장 부족한 토공용재로 쓴다. 이렇게 보면 안면송은 그 어떤 나무보다도 유용한 것이다.

안면도임업소에 소속된 삼림목재 총 축적량은 약 100만 적재이고 매년 약 8만 적재씩 증가한다. 임업소는 30년간의 채벌 계획을 짜서 이 삼림을 경영하려고 했는데, 매년 주벌 면적은 약 5,000정보이고, 간벌 면적은 약 800정보이며, 매년 채벌 총량은 약 8만 적재로 잡아두었다.

문헌이 많지 않아서 자세히 알 수는 없지만 안면도 삼림의 역사를 살펴보면 다음과 같다. 조선 초인 중종 때에는 조선 중부 이남 지역에서 사람들이 삼림을 불살라 화전을 만들어 농사를 짓는 악습이 있었다. 그리하여 조정에서는 안면도를 황장봉산으로 지정하고 보호기관을 두어 벌목하는 것을 금지했다. 그 후 맞은편 기슭에 가까운 요지에, 즉 지금의 보령군 오천에 수군절도사를 두었다. 그 부하가 산지기를 보내 이 삼림을 수호했다. 그러나 조선 말기에 들어서 정치가 부패하고 뇌물이 횡행하여 삼림 도벌이 암묵적인 동의하에 빈번하게 벌어졌다. 특히 교통이 편리한 남쪽과 북쪽에서 삼림 도벌이 횡행했다.

통감부 시대에 들어서야 드디어 삼림을 보호하고 벌목을 금지하는 정책을 적극적으로 취했다. 순사를 파견하여 삼림을 지키게 한 것이다. 그러나 부패한 정치가 불러온 악습이 일반 도민에게까지 퍼져서 개선의 성과는 쉽게 거두지 못한다. 총독부 시대에는 좀 더 개선되었지만 아직도 악습과 폐단이 많이 남아 있었다. 경술국치(1910) 후에는 경찰을 배치하여 도벌과 남벌을 금했다.

당시 상황이 어떠했는지 안면도민의 증언을 들어보자.

안면도 마생상점의 초대 소장 하야시(한국명 임성삼)는 주민 수백 명을 동원해 1일 평균 200그루에서 송진을 채취하고 200그루는 베어내 인천이나 군산을 통해 일본 현지 등으로 반출했다고 나온다. 이렇게 훼손된 소나무가 10만 그루에 달하는 것으로 전해지는데 반출된 안면도 소나무는 탄광의 갱목 등으로 활용된 것으로 알려지고 있다. 강제징용으로 일본으로 끌려간 우리 조상들이 안면도 소나무로 만든 갱도에서 사투를 벌였던 셈이다. 지금은 고인이 됐을 것으로 추정되는 오 모 씨는 〈경향신문〉과의 인터뷰에서 "하루 일당이 50전이었는데 사흘치를 모아야 겨우 쌀 한 말 살 수 있는 돈이었다. 밥값도 안 되는 돈으로 사람들을 부려 먹었다"며 "영양실조로 죽고, 학질로 죽고…. 그때 일하던 사람 중에 지금 안면도에서 살고 있는 사람은 거의 없다"고 증언했다. 박 모 씨도 "아소상점이 하야시를 초대 임업소장으로 부임시키고 주민들을 설득시켜 협조를 구하는 척하더니 나중에는 나무를 마구 베어 인천과 군산으로 실어 갔다"며, "나무들이 훼손되는 걸 보고 주민들이 반대하기도 했다"고 회상했다. 항공유나 약재 등으로 사용하기 위해 송진을 채취했는데, 그 흔적이 아직까지 남아 있어 일제의 악랄함을 여실히 보여주고 있다.

- 출처 : 디트news24(http://www.dtnews24.com)

현재 한국에는 수령 400년이 넘는 명품 소나무들도 있는데, 속리산 정2품송도 명품 중 하나다. 소나무는 통상 120~150여 년 동안 생존하는데, 안면도 휴양림에 있는 소나무는 대부분 90~100년 정도 된 것들이다. 송진을 채취하기 가장 좋은 소나무는 수령이 20~30년 정도 된 것이라고 한다. 안면도 소나무의 수령이 대부분 100년 정도이니 그 나무들이 20~30여 년 되었을 때 송진을 채취한 것으로, 현재 송진 채취 흔적이 고스란히 남아 있다. 이 소나무들이 생명을 다하는 20~50년 후에는 일본 아소상점이 송진을 수탈한 증거도 사라질 것이다.

마생이땅과
임성삼

임성삼, 하야시, 마생이, 마생이땅 ·······.

안면도에서 자란 사람들에게는 어려서부터 귀에 못이 박이도록 들어온 익숙한 이름들이다. 마생麻生을 안면도 사람들은 마생이땅이라고 불렀기 때문이다.

아소상점의 안면도임업소 경영 관리자 임성삼이 쓴《안면도》(林省三 著, 京城：帝國地方行政學會, 昭和8)란 책을 발견한 것은 지금으로부터 30여 년 전이다.

내가 대학에 다닐 때인데 국회도서관에서 논문 자료를 찾다가 우연히 그 책을 발견했다. 고향에 대한 책이기에 호기심으로 책을 펼쳤지만 가슴이 떨려서 읽을 수가 없어 서둘러 덮어버렸다. 내가 아는 혹은 들은 낯익은 이름들이 나왔기 때문이다.

그때로부터 30여 년이 흐른 지금, 안면도의 후손으로서 정확한 역사적 사실을 밝혀야 한다는 생각이 들었다. 그래서 이제는 말할 때가 되었다는 판단에 모든 사실을 가감 없이 밝히기로 했다.

안면도 임야 인도 작업에 개입한 임성삼은 경영권을 얻어 소장이 되었고, 그의 주도하에 8개 리(창기리, 정당리, 승언리, 중장리, 누동리, 장곡리, 고남리, 신야리)에서 산림보호조합을 결성했다. 면장이 연합조합장이 되어 산림 보호와 육성에 최선을 다하겠다는 규약서를 받는다.

임성삼은 안면도임업소장을 맡은 6년간의 기록을 책으로 발간하여 자신의 행위를 정당화했다. 그리고 자신의 공적을 기리는 비석을 세웠다. 안면보건지소 앞에 세웠던 그 기념비는 철거되어 땅속에 묻혀 있다가 후에 발견되어 현재 태안문화원에서 수습하여 보관하고 있다.

임성삼이 쓴 《안면도, 만주낙토건설의 지침》은 저술자가 일본인이기에 일본인의 시각에 초점이 맞추어져 있다. 그러나 객관성을 확보하고자 책에 있는 내용을 그대로 원문을 직역하여 기술했다. 이외에도 잡지인 《조선》 1930년 8월호(제183호)에 임성삼이 쓴 〈覺めゆく安眠島(깨어나는 안면도)〉라는 글이 실렸지만 현재 내용을 찾을 수 없다.

《안면도, 만주낙토건설의 지침》은 안면도의 역사를 이해하는 데 도움이 되는 내용도 상당하다. 물론 일제의 수탈을 미화하고 정당화하는 내용도 많다. 특히 안면도 경영이 만주국을 경영하는 데 참고가 되기를 바란다는 내용을 보며 안면도인으로서 서글프고 화가 났다. 내선일체와 같은 미사여구로 포장한 강제부역 등 일제강점기에 일본이 저지른 악행이 다분히 녹아 있다.

책에 실린 '간행사', '안면도 구매 동기와 인연', '안면도 관찰', '감사와 감격: 후기'를 아래에 전부 기술했다. 부수적인 내용인 '구체적인 세족단', '안면초 산림표어', '조합 설립 및 운영' 등은 기재하지 않았다.

임성삼이 쓴
안면도 관찰기

이 책은 필자(임성삼, 일본명 하야시)가 예전에 《조선사회사업朝鮮社会
事業》이란 잡지에 연재한 글을 모아서 수정하여 만든 책이다. 사실 나
는 원래 이 미숙한 사업을 글로 옮기고 출판할 생각을 해본 적이 없었
다. 그러나 이제는 출판할 수 있는 이유가 좀 생겼다.

나 같은 사람은 지금 하고 있는 빈약하고 작은 일이라도 사람의 주
목을 끌고 때로는 그 일에 대해 묻는 사람들의 편지를 받을 때가 있
다. 그럴 때 나는 내 방식대로 특별하게 일하는 방법이 있기 때문에
간단하게 설명하려면 이해시키기가 어렵고 또 매번 같은 설명을 하느
라 시간과 정력을 바쳐야 해서 책으로 내기로 했다.

세인들은 안면도를 다스리는 것은 아주 어려운 일이라고 생각한다.
하지만 실은 안면도 경영은 무인지경에 들어간 것처럼 쉽게 경영해서
사람들과 융합, 협력의 성과를 얻었고 내 마음대로 경영할 수 있었다.

만주사변이 일어났고 그 후 만주국이 생겼다. 우리 일본도 만주국
을 승인해서 우리나라(일본)와 일본 국민들이 만주국의 발전을 위해
열심히 노력해야 한다고 생각한다.

과거 20여 년을 돌이켜보면, 조선을 통치한 것에 대해 미안한 부분도 있는데 그런 점에서 조선을 애석하게 여기기도 했다. 현재 영토가 넓은 만주국은 일본과 공존해야 하는 사이인데 만주국을 세워 다스리는 일 때문에 일본이 국제사회에서 정치적으로 고립된 나라가 되어서는 안 되니 국제관계를 넘어서 우리는 조국의 사명을 꼭 이루어야 한다.

그러므로 모든 일본 국민이 이 책임의 중요성을 깨닫고 확고부동한 의지로 여러 분야에서 노력해야 한다. 옛날에 조선에서 일어난 일이 만주국에서 다시 일어나지 않도록 해야 한다. 만주국을 개발하려면 반드시 우수한 일본 사람, 특히 많은 실업가의 노력이 필요하다. 이러한 때에 나의 아직 미숙한 사업 보고서가 조금이라도 우리나라에 공헌할 수 있다면 나는 매우 영광으로 생각할 것이다.

조선 안면도의 민중들은 나의 계획과 나의 안면도 사업을 쉽게 받아들이지 않았는데 상인들은 그것을 이해했다. 그래서 나는 처음에 내가 성공하지 못할 것이라고 생각했다. 그래서 안면도의 소비경제운동에 대해 비조합 조직과 같은 방법을 쓰지 않고 공급의 방법을 채택했다. 처음부터 방대하고 번거로운 경영을 피하는 가장 좋은 방법은 일반 도민들의 생활필수품 위주로 시작하는 것이다. 그러려면 안면도 임업소의 사업과 경영기구를 최대한 활용해야 한다. 이런 방법을 실제로 할 때 가장 먼저 시행한 것은 채벌 업무에 종사하는 사람들에게 고무로 된 버선을 신발로 사용하게 한 것이다.

처음에 나는 도민들이 부업을 하고 싶어 하기에 조선의 전통 신인

짚신을 신게 하고 싶었지만, 짚신은 숲속 노동에 적합하지 않았다. 그 후에 많은 도민들도 고무바닥 버선을 좋아해서 나는 안면도에서 가까운 히로카와光川의 상인에게서 고무바닥 버선을 사 왔다.

당시(1928년 9월) 아사히朝日 고무바닥의 버선 한 켤레는 1원 40돈이었다. 나는 경성에 출장 간 김에 고무바닥 버선 대리점을 시찰했다. 할인 가격으로 100켤레를 100원에 살 수 있어서 나는 당장 사서 안면도로 가져왔다. 운송비와 안전비까지 한 켤레에 1원 5전 정도 들었다. 이 버선을 모두 도민에게 배급했다. 과거의 가격보다 한 켤레 값이 30돈이나 싸서 좋은 평가를 많이 받았다. 이후 도민들이 히로카와의 상인에게서 사지 않고 조합으로 와서 샀다. 뿐만 아니라 안면도와 히로카와 사이를 오고 가는 뱃사공에게 부탁해 안면도에서 파는 고무버선을 사달라는 히로카와 사람도 있었다. 그 후 히로카와의 버선 가격이 갑자기 조합의 가격보다 5돈 정도 내렸다. 지금까지 조합에서 판 버선이 약 4,000켤레쯤 된다.

버선에 이어 시도해본 것이 만주 좁쌀이다. 안면도는 도유림으로서 논이 조금 있는데 도내에서 소비한 벼는 약 3,000석이고, 풍년이 들면 약 3,000석의 벼를 안면도 밖으로 판다. 그런데 매년 약 3,000석 정도의 만주 좁쌀을 안면도민의 양식으로 들여왔다. 만주 좁쌀도 도민들이 히로카와에서 사 온 것인데 가격이 비싸고 질도 나쁘다. 그래서 나는 목재를 운송하는 배가 돌아왔을 때 인천에서 좁쌀을 사 가지고 와서 도민에게 배급해보라고 했다. 질이 좋고 가격은 과거보다 15퍼센트나 싸서 이것도 좋은 효과를 얻었다. 이 실험으로 이룬 성과를 보고 만주 좁쌀도 경영하기로 했다. 그러나 풍년이 들면 쌀 가격이 내려서 꼭 도내로 쌀을 수입할 필요가 없었다. 그래서 만주좁쌀 유입을 중지하기로 했다. 만약 쌀 가격이 회복된다면 바로 도내로 좁쌀을 수입해야겠다. 만약 조합이 이 방법을 쓰면 도민들이 해마다 4,000원 또는 5,000원만 소비하면 질이 좋은 것도 먹을 수 있다. 또 우리는 점점 편직품, 와이셔츠, 작업용 장갑, 비누, 양말 등 상품을 도입해보고 있다. 하지만 우리는 경영을 시작한 지 얼마 안 되어서 사업에 이르지 못한 상품들이 아직도 많다.

나는 부득이하게 과거에 안면도를 사들인 동기와 아소 가족의 관계를 돌이켜본다. 다들 알다시피 아소 가족은 규슈의 석탄 사장이다. 석탄 사장이라고 부르는 것보다 갑부라고 부르는 편이 낫겠다. 아소 가족은 오래전부터 규슈의 갑부였다. 아소 가족의 적장자는 고 아소 다키치다. 그의 부인은 이름난 가노 히사요시 자작의 딸이다. 히사요시 자작은 지바현 이치노미야정의 영주이자 가고시마현의 지사였고 후에 그곳을 떠나서 이치노미야정의 읍장이 된다. 그는 읍에서 정무를 마음껏 처리해서 '정장 사마'라고 불린다.

내가 이 내용을 말한 이유는 가노와 안면도의 관계를 설명하기 위해서다.

20여 년 전에 단호하게 한일합방(경술국치 - 역자)을 실시할 때 가노 자작이 당시의 조선을 보고 자신의 책임을 깊이 느낀다고 했다. 그는 노년에도 국가를 위해 충성을 다할 수 있어서 조선을 위해 힘을 다하기로 한다. 그리고 연로한 나이에도 불구하고 두 번이나 멀리 조선으로 건너간다. 남조선과 북조선을 시찰하고 아래와 같은 계획을 짠다. 즉 이치노미야정에서 청년을 선발해서 조선을 경영하는 것을 독려한다는 것이다.

나는 막 안면도에 도착했을 때 웅장한 임상(林象, 숲의 상태)을 보고 놀랐다. 일 년 내내 조선에 있으면서 본 것은 발가벗은 산이어서 "안면도에 웅장한 산림이 자라고 있다"는 말을 들어도 감히 믿지 못했다. 나는 산에 굽고 늙은 나무가 울창하게 자라고 있다고 상상하면서 안면도에 왔다. 섬에 오니 대숲과 삼나무 숲과 같은 웅장한 산림이 눈에 띄었다.

웅장한 숲 외에 내가 상상하지 못한 것이 하나 더 있으니, 섬에 어부가 적은 것도 특별했다. 나는 안면도가 섬이라서 어업에 종사하는 사람이 많으리라 생각했는데 안면도에 오니 섬에 어부가 아주 적었다. 대부분 사람들이 주로 농업에 종사하고 있었고 안면도 근처에서 가끔 좋은 어장도 볼 수 있었다. 대량의 도미, 보구치, 갈치, 농어, 오징어, 새우, 전복, 해삼을 잡을 수 있지만 대부분 물고기는 다른 지방의 어부들이 잡았다. 이곳에 어부가 적은 한 가지 주원인은 여기는 어선이 정박하기 좋은 항구가 없다는 것이다. 그리고 섬에 있는 사람들은 생활이 넉넉하기에 위험을 무릅쓰고 바다에 나가서 돈을 벌 필요가 없다.

안면도는 섬으로서는 보기 드물게 논과 밭이 많아서 섬사람들이 농업을 주업으로 한다. 풍년 때 섬 밖으로 3,000석의 곡식을 수출한다.

일상용 시탄류(연료)는 모두 풍부한 국유림에서 마음대로 벌목한 것이다. 뿐만 아니라 몰래 섬 밖으로 수출해 초과 수입을 얻고 있다. 그리고 부녀들이 산에 올라 산야초 싹과 산채를 따고 바닷가에서 풍부한 어패와 해조를 줍기도 한다. 사람들이 사시사철 안정된 생활을 하고 있다.

안면도에 부속된 간월도라는 섬이 있다. 이 섬 근처에서는 굴이 많이 난다. 굴젓은 조선의 3대 진상품의 하나로 과거부터 유명했다. 천수만은 김의 산지로서 앞길이 희망차다.

세 번째로 나를 놀라게 한 것은, 섬사람들이 소유한 경작지가 평균 수준이라는 것이다. 안면도에서 대지주라 할 만한 사람은 다만 몇 명이 있고 십몇 정보의 토지가 있다. 대부분, 그러니까 80퍼센트는 5정보 이상 2정보 이하의 토지가 있는 자작농이다. 한 평의 토지도 없는 사람은 5퍼센트 정도에 불과하다. 이것은 사실 이상한 일이다. 나는 이런 데이터를 보고 놀랐다. 안면도는 왜 이런지 찾아봤다. 안면도는 토지 소유제를 시작한 지 얼마 안 된다. 그리고 안면도는 아직 화폐경제로 완전히 진입하지 못했다.

안면도의 토지는 자고이래로 거의 다 국가 소유다. 그러나 정치가 붕괴되어 섬사람들이 마음대로 국유림을 개간하고 경작한다. 계곡과 산림 옆에 있는 여울을 배수하여 개간하고 논도 개척하고 마음대로 경작한다. 그런데 총독부 시대에 들어간 후 대정 4년에 지적조사를 할 때 이 상태는 이미 더 이상 고칠 필요가 없다고 생각했다. 즉 당시 조사에서 토지를 경작하는 사람이 토지 관계자, 즉 토지 소유자라고 보았다. 안면도의 토지는 이렇게 명확하게 확정되었다.

세월이 덧없이 흐르고 10여 년이 지났다. 안면도에 있는 대부분 산림은 아직 국유림으로서 벌목하면 안 된다. 그래서 다른 지방에서 오는 실업가들이 사업을 경영할 기회와 장소를 찾을 수 없다. 조선 주변의 경제도 급변하고 있다. 문화란 홍수와 같이 밀려오는데 오직 안면도만 물물교환의 경제 상태를 유지하고 있다. 예를 들면 나는 너를 위해 5일간 모내기를 해주고 반대로 너는 나를 도와줘서 풀을 벤다. 콩을 빌려주고 팥을 수확할 때 팥으로 돌려준다. 안면도는 계속 이런 상태를 유지하고 있다. 요즘에는 해마다 한 번씩 추수를 끝낸 후 곡식을 섬 밖으로 수출해서 잡화를 산다. 섬사람들은 한 해 동안 그들의 부채 총액을 계산한다. 섬에서도 화폐가 유통되긴 하지만 일부분 사람에게 국한되고 화폐의 수량도 아주 적다. 그래서 개인적으로 매매할 수 있지만 화폐가 없으면 매매하지 못한다. 그래서 안면도는 이런 자연의 이상 상태, 즉 토지의 모든 면적을 평균적으로 보유하는 상태를 유지하고 있다. 안면도에서 시내에 사는 사람들도 안면도 식의 삶에서 벗어나지 않는다. 그렇기 때문에 총독부의 산림정책 개혁은 안면도를 사서 특수하게 운영하게 했다.

그러면 화폐경제가 홍수와 같이 섬에 들어올 것이다. 그러면 안면도에서 먼저 현대화 임업을 실현하고 동시에 경제도 급속하게 발전할 것이다. 섬사람들은 일 년 내내 자기들이 추구하던 편리와 희귀한 화폐가 자기 주머니에 들어왔기 때문에 만족하고 기뻐할 것이다. 나는 이 결과가 어떻게 될지 기다려보려고 한다. 육지에서와 마찬가지로 안면도의 토지도 아무 생각 없이 매매하고 점거할 수 있을 것이다. 섬사람들은 대지주와 농민으로 나뉘고 사람들이 굶주리게 될 것이다. 나는 안면도를 경영하면서 이 점을 생각하고 최선을 다해 이 정책을 성공시키려고 노력하겠다.

네 번째로 나를 놀라게 한 것은 사람들이 안면도를 대하는 태도와 안면도의 파괴 상태다. 산불, 도벌, 나무껍질 벗기기, 토지 침점侵占 등 인위적인 행위가 안면도 산림이 파괴된 주요 원인이다. 자연재해는 주로 송충이와 폭풍 때문에 일어난다. 다행한 것은 자연재해를 당한 토지는 아주 적다는 것이다. 나는 인위적인 산림 파괴의 종류를 깊이 관찰한다. 봄과 가을에는 산림이 건조해서 산불이 자주 발생한다는 것, 꽁초를 아무 데나 버린다는 것, 산에 들어가서 불을 땔 때 처리가 불충분하다는 것, 밤에 조개를 채취할 때 사용하는 횃불 등이 모두 산불 발생의 주요 원인이다.

대부분 산불은 다 안면도에 새로 들어온 사람이 저지르는데, 이 역시 나를 놀라게 한다. 안면도 사람들은 자고이래로 집 밖에서 성냥으로 담배를 켤 때 꼭 남은 성냥을 땅속에 깊이 끼워 넣는다. 절대로 마음대로 성냥 대가리를 그냥 버리지 않는다. 꽁초도 마찬가지로 꼭 발로 밟고 불이 꺼져도 혹시 모르니까 다시 밟는다. 몇백 년간 산림을 생명으로 생각해서 생활하는 사람들의 일상적인 주의사항에 이미 나도 모르게 감화되어 마침내 나도 습관이 된다. 나는 성냥을 어떻게 처리하는지 보면 섬사람과 섬 밖의 사람을 구별할 수 있다.

도벌에 대한 명확한 자료는 적지만 안면도 삼림 파괴 상황은 전반적으로 세 가지로 나눌 수 있다. 하나는 섬사람이 계획하고 배를 불러 섬 밖으로 벌채한 나무를 운송하여 파는 것이다. 계획적인 일이라 도벌 규모도 상당히 크다.

섬에서 세력이 있는 실업가와 투자자와 노동자와 섬사람들이 같이 참가한다. 몇십 일 전부터 은밀하게 충분한 준비와 계획을 하고 대부분 사람들은 밀물 때 해 질 녘을 틈타서 그럴듯하게 그 짓거리를 한다. 도벌 당일에 현장에서 술과 술안주를 잔뜩 준비하고 다들 다 같이 먹고 마신 후 도벌하기 시작한다. 횃불을 든 사람 몇십 명과 소 몇 마리가 하룻밤에 도벌한 대량의 나무를 바닷가로 끌고 가서 미리 기다리고 있는 배에 싣는다. 이렇듯 대대적인 일을 마을 사람이 어떻게 모르겠는가? 주둔한 관원과 어떻게 아무 상관이 없겠는가?

두 번째 도벌은 판매할 나무의 양을 안 후 벌목할 때 일부러 혼란한 틈을 타서 나무를 과잉 벌목하는 것이다. 국유림을 보호하는 차원에서 나라에서 경비를 얻기 위해 해마다 부분적으로 남겨야 할 나무와 불량하게 자란 나무를 간벌한다. 섬에서 세력이 있는 사람은 주둔하는 관원에게 아부하여 간벌 지역의 불량 나무를 판매할 권한을 얻고 벌채를 시작한다. 그러나 두 번째 도벌은 불법행위다. 주둔하는 관원은 판매 허가를 받자마자 간벌할 임간에 가서 불량 나무에 하나씩 도장을 찍어 증명을 한다. 그다음에 나무마다 측량하고 총 무게와 면적을 계산하고 간벌을 신청한 사람에게 물품 대금을 선불하라고 한다. 간벌기에 들어가면 그들에게 벌채를 허락한다. 벌채가 끝나고 보고서를 받은 후 현장에 가서 검사하여 벌목한 나무 나루터기에 도장을 찍은 후에야 판매가 끝나는 셈이다.

이런 불법행위는 얼마 전까지도 여전히 자행되었다. 무성한 삼림을 간벌한 것이라, 나무 밑에 잡초와 마른 나뭇가지가 두껍게 쌓여 있기 때문에 벌목한 후 남은 나루터기를 조사하기가 쉬운 일이 아니다. 자세히 조사한다고 해도 벌채한 100그루의 그루터기를 다 찾지 못하고 80여 그루 정도에 도장을 찍는 것도 어렵다. 하물며 혼란한 틈을 타서 과잉 벌목한 사람이 얼마나 많겠는가. 이것이 바로 위법자의 교활한 수법이다. 100그루의 나무를 판매하려고 했는데 150그루를 벌목한 일이 희한한 일이 아니다. 부주의로 발각되면 실수로 벌목한 것으로 간주하고 그들보고 많이 벌목한 나무에 대해 '실수 벌목 처벌'을 받으라고 한다. 처벌은 판매 가격의 두 배로 배상하면 된다. 눈감고 보고도 못 본 체하고 이 일을 숨긴다. 뿐만 아니라 불량 나무를 좋은 나무와 바꾸는 일, 가는 나무를 굵은 나무와 바꾸는 일도 다반사다.

세 번째 도벌은 앞에 있는 두 종류의 도벌보다 정도가 약간 덜하다. 과거 국유림 기간에 삼림 보호는 법률을 끼고 현지 사람보고 '삼림 보호 조직'을 만들고 삼림 보호와 관리에 힘쓰게 하는 것이었다. 보수로 현지 사람은 임간의 마른 나뭇가지와 잡초를 주워 집에서 땔감으로 사용했다. 현지 사람은 쓰는 만큼 쓸 수 있다. 갑자기 생각하니 이 방법은 참 교묘한데, 만약 발각되면 아니라고 발뺌을 하는데 이런 폐단은 참으로 교묘해서 불법을 조장하는 일이 된다.

우선 이러한 폐단의 첫걸음은 '공짜라서 쓰지 않으면 손해'라는 심리가 있다는 것이다. 안면도 사람들은 풍부한 땔감 중에서 좋은 목재

안면도에 역사를 묻다

를 집에 가져가 아낌없이 태우고 잎, 나뭇가지의 끝, 들풀, 장미 같은 것을 그냥 임간에 버린다. 둘째로 '일단 얻으면 바로 내 것이다'라는 생억지에 가까운 생각이다. 몰래 땔감나무를 섬 밖으로 팔다가 만약 팔지 못해도 계속 벌목하여 판매를 위해 땔감나무를 벌채하고 계속 배로 내보낸다. 이런 도벌은 당시 섬사람들 사이에서 공공연하게 이루어진 것이어서, 다른 시각으로 보면 이것은 완전히 섬사람의 부업이다. 이것은 바로 "도끼 하나 있으면 살 수 있다"는 안면도의 특성을 말해준다.

안면도 삼림의 인위적인 파괴는 이렇게 심하고 몇백 년 동안 이어져 이미 안면도 사람의 생활에 깊게 배어 있다. 나는 안면도를 경영하면 꼭 이러한 화근을 고치고 개선의 길을 인도할 것이다.

그다음에 나를 놀라게 한 것은 안면도는 다른 곳보다 새로운 교육이 특히 일찍 발전한다는 것이다. 뿐만 아니라 새로운 교육의 인기가 엄청나게 많다.

새로운 교육의 시작은 한일합방을 실행할 때까지로 거슬러 올라가야 한다. 당시 경성에 김병년이라고 하는 한국 관리가 있었다. 그는 한일합방에 불만을 품고 관직에서 물러나서 안면도에 도착하여 광영신숙을 창립하고 제자를 가르치는 데 힘쓴다. 이것이 바로 안면도에서 새로운 교육의 시작이고 안면도공립보통학교의 요람이라고 말해도 된다. 졸업생과 재적생을 합치면 1,000명이 넘는다. 섬에 외국어를 이해할 수 있는 사람이 많고 조금 배운 사람도 몇 명이 있다. 일반적으로 학부모의 지식욕도 강하고 심지어 섬에 있는 생활이 빈곤한 집안이더라도 만약 아이가 학교에 가지 않으면 학부모가 학교에 보내고 싶어 한다. 장래 내가 안면도를 경영하면 꼭 이 점을 유의할 것이다.

농한기에 할 일이 없을 때 섬사람이 잠을 자는 것은 그야말로 낭비다. 그래서 나는 이렇게 생각한다. 만약 농한기에 잠만 자는 섬사람들이 낭비하는 시간을 교묘한 방법으로 연결하여 잘 운용하면 매년 1만 5,000원의 부를 창조할 수 있다. 살림에 소용없는 마른 나뭇가지와 들풀을 훔쳐서 땔감으로 사용하는 것은 섬사람들에게 해를 끼치는 일인데, 집에서 한가롭게 할 일이 없는 사람한테 나쁜 일을 하게 해서는 안 된다고 생각한다. 만약 섬사람들이 낭비하는 시간을 없애고 더 많이 생산할 수 있고 산을 보호할 수 있으면 사람들이 서로 사랑하게 할 수 있을 것이다. 이것만 생각하면 나는 마음속으로 기쁘다. 나는 내가 말한 방법대로 이미 구포에서 조선 빈농을 위해 몇십 년간 야석원을 경영했다. 이것은 바로 내가 조직한 '고이자정벌흥산회高利子征伐興産會'다.

앞에서 말한 것은 안면도 도민, 즉 조선인의 교육 문제다. 이 장에서는 안면도에서 일본인 자제의 교육문제를 말하고 싶다. 나는 초등교육 단계에서 조선인과 일본인을 함께 가르치는 공동학교를 주장한다. 하지만 의외로 이 문제에 대해 유식한 사람 사이에 여론의 움직임이 아주 나쁘다.

일본과 조선의 동화, 내지연장주의(內地延長主義, assimilation : 개인 또는 집단이 다른 개인이나 집단의 태도나 감정을 취득하여 경험이나 전통을 공유하기에 이르는 사회과정, 또는 이러한 사회과정에서 생겨나는 사회관계의 균형

상태)의 신일본주의, 다른 분야에서 기울인 노력과 토론, 일어로 하는 수업, 같은 교과서로 초등교육 단계에서 일본인과 조선인의 공학. 근대의 내선별별주의內鮮別々主義가 아직도 실시되고 있다. 이런 일을 주의하지 않은 것은 정말 불가사의하다. 이런 실제적인 문제가 아주 어려운 일임을 나도 알고는 있지만 아이를 데리고 온 부모님, 특히 일본인들이 더욱 발전할 수 없다. 이런 일을 알고 있는데도 언제까지 방치해 둘 수는 없다. 이것은 확실한 것이다. 두 민족의 미래와 일본을 위해 원칙적인 문제로 전진해야 할 때가 이미 왔다. 일반적인 방법에 따르면 안면도에서 일본인 가구가 증가하고 취학아동이 10여 명에 달하면 학교조합을 설립할 것이고 총독부의 보조금에 의지하여 일본인만 있는 교육기구를 설립할 것이다. 하지만 이것은 내가 원하는 것이 아니다. 지금은 조선인과 일본인이 함께 배울 때다. 어려움과 폐단이 생길 것도 알고 있지만 소수의 사람이 설립한 소규모 학교조합에서 하는 교육은 어려움과 폐단이 없을까? 각종 어려움과 손해를 따져보아야 한다. 각 지역의 소규모 학교조합의 경영난으로 겪는 어려움은 의심할 여지가 없는 사실이다. 또 무거운 경비 부담에 허덕이느라 이런 미비한 교육제도를 실시할 수밖에 없다.

예전에 나는 잡지에서 총독부의 어느 관리가 일본인과 조선 사람이 함께 공부하지 못할 이유에 대해 쓴 글을 본 적이 있다. 이유는 지금 일반 학교의 교육수준이 낮고 시설도 미비해서 아이를 절대 이런 학교에 보낼 수 없다는 것이었다. 소수의 일본인이 자녀를 교육하고 소수의 학동을 교육하기 위해 학교조합을 설립했다. 이것은 과거의 서당과 같이 호평을 받았는데 나는 이런 모습에 충격을 받고 또 이에 대해 유감을 나타냈다. 지금 일반 학교의 교육수준이 낮고 시설이 미비한 것은 다 사실이지만 절대적인 것이 아니다. 노력하면 바로 잘되지 않더라도 어느 정도로 교육수준을 높일 수 있고 시설도 완벽해질 수 있다. 이 사람들은 큰 벼슬을 하고 있어서 마음대로 자녀를 일본에 보내 초등교육을 받게 할 수 있는데, 평범한 서민들은 그렇게 할 수 없다. 내선공학 문제는 부자와 고관의 문제일 뿐만 아니라 조선 전체의 문제다. 나는 내선공학을 주장하지만 미래도 여기서 멈춘다는 뜻이 아니다. 일본인들이 학교조합을 경영하는 데 지금은 중임을 짊어져야 할 뿐만 아니라 열심히 노력해야 한다. 학교조합에 돈과 힘을 기울이고 최선을 다해야 할 것이다. 원래 이것은 단번에 이룰 수는 없는 일이다. 끊임없는 노력과 인내가 필요하다. 만약 낮은 수준과 미비한 시설 때문에 내선공학을 배격한다면 자녀를 일본의 대도시에 보내지 않으면 학교를 다니지 못하는 것이 아닌가? 자기가 조선에서 일하면서 이렇게 하면 타당할까? 그래서 우리는 꼭 참아야 한다. 조선에 와서 제1선에서 분투하고 있는 우리는 일본과 두 민족을 위해 내선공학이라는 상황을 꾹 참고 견뎌야 한다. 이것은 우리가 이행해야 할 의무이고 우리의 사명이다. 사실 대부분 부모님은 내선공학을 하면 꼭 희생이 따르는 게 확실하다고 생각하지만 이것도 부득이한 것이니 참고 견뎌야 한다.

선구자는 흔히 희생자다. 십자가를 질 수밖에 없다. 만약에 우리가 결국 이루지 못한다면 누가 언제 이룰 수 있을까? 소수의 아이들을 모아서 학교조합의 형식으로 가르친다? 이렇게 하면 과거의 서당과 아무 차이가 없다. 칭찬을 들을 수도 있지만 그러한 칭찬은 사실 잘못된 것이고 아주 이상한 일이다. 지금의 소규모 학교조합에서 경영하는 교육은 실제적인 지식을 중요시하는 구미식의 통일 교육이다. 어디서 과거와 같은 인격을 배양하는 것을 위주로 하는 교육이라고 할 수 있을까?

내선동화는 어른들의 노력이 필요한데, 어려운 일이라는 것도 알고 있다. 어릴 때는 동화하기 쉬워서 조선에서 태어난 일본 아이는 어린 시절에 조선 아이와 서로 이해하고 융화할 수 있도록 최선을 다할 수 있을 것이라고 생각한다. 지금 조선의 초등교육은 이 점에서 어떤 목적을 세운 것일까? 지금의 내선분리주의에 바탕을 둔 교육과 동화는 어린아이의 머릿속에서 내선인 분리란 잠재의식을 양성하기 쉽다. 몇 년 전에 전라도에서 일어난 학생 사건을 잘 생각해야 한다. 그리고 경상남도 평의원회에서 당국은 교육비와 재정난에 대해 설명했다. 재정난에 대응하려면 반드시 조선인에게 교장을 맡겨야 한다. 이것은 조선어를 잘 모르는 일본인 교장을 조선의 외진 곳으로 보내기 위한 것이 아니라 조선의 교육정책에 적응하기 위한 것이다. 그래서 꼭 조선인 교장을 채용해야 한다고 질문했다. 이 질문은 실제로는 내선분리주의 교육을 반영한 것이다. 유식자들은 이런 중대한 문제를 자각해야 한다.

안면도는 내선분리를 절대 지지하지 않을 것이다. 도민과 일본인은 꼭 융합될 것이다. 그래서 처음에 아무리 큰 어려움과 희생이 있더라도 우리는 인내하고 진취적으로 개척해나갈 것이다. 안면도에 백년대계를 세워 도에서 임업을 경영하고 도민과 융화하며 같이 복지를 도모할 것이다. 이런 목표를 달성하기 위해 우리는 꼭 온갖 어려움을 제거하고 용기를 내어 앞으로 나아가야 한다. 이것은 사명일 뿐만 아니라 실제론이다. 이 방법은 교육적으로 효과를 거둘 수 있고 교육의 부담을 경감할 수 있으며 교육 사업에도 유리하다. 일본은 날로 세계무대에 진출할 수 있으므로 일본의 제2국민에게 국제적인 교육훈련을 시키는 것을 중요시해야 한다.

사업가, 자본가로서 일반적인 방법을 말하면 사원 가족의 교육을 위해 매년 사업비에서 많은 돈을 떼어내어 연보금으로 교육 사업을 지원해야 한다. 일반 학교를 지원하기 위해 몇 배의 연보금을 준비해야 한다고 생각한다. 명목상으로는 일반 학교이고 실제로는 교육 기초가 단단한 초등학교도 된다. 이제 우리 임업소 직원의 자제는 안면도의 일반학교를 다니고 있는데 벌써 몇 명이나 된다. 우리 집의 두 아이도 이 일반 학교를 다녔고 지금은 고등학교를 다니고 있다. 나는 내 경험에 근거하여 이 일을 논술했다. 나는 근처의 일본인과 같이 설립한 안면도 일반학교보조조합을 통해 학교조합과 같이 조합 경비를 마련하고 이와 조합 구성원의 노력으로 안면도 일반 학교를 위해 최선을 다하고 있다.

우리가 이에 힘쓰는 것에 대해 도민을 위해 너무 열심히 하지 않느냐라고 의문을 품을 수도 있다. 나는 야석원 시대부터 지금까지 조선에서 경영을 한 지 벌써 20여 년이 되었다. 내 개인적인 경험에 따르면 이러한 일은 이해관계에서도 유리한 일이다.

감사와 감격 : 후기

내가 17년 동안 산 제2의 고향, 남선 포구에서 사업을 경영하고 나서 안면도에 왔다. 그다음에 안면도 경영에 착수한 지 6년이나 되었다. 지금 나는 내가 경영한 상황을 뒤돌아보면서 이 사실을 써놓았다. 깊은 감사와 감격을 느낀다.

나는 "내가 안면도 경영에 착수하면 꼭 성공할 수 있다"는 평소의 주장을 가지고 안면도에 왔다. 6년 동안에 거둔 성과는 실제로 앞에서 말한 것과 같다.

안면도 경영의 요점은 "진심으로 안면도와 안면도인을 위해 최선을 다한다"는 것밖에 없다. 나는 안면도 경영에 심혈을 기울여 노력하고서 성현의 가르침의 귀중함을 처음으로 실감했다.

"네 이웃을 네 몸처럼 사랑하라."

"너희는 먼저 그의 나라와 그의 의를 구하라 그리하면 이 모든 것을 너희에게 더하시리라."

나의 지혜, 학식과 힘은 부족하다. 그러나 이것들을 염려할 것이 아니라 우리의 성의와 진심이 충분한지 그것을 염려해야 한다. 우리는 진심으로 안면도와 안면도 도민을 사랑한다. 그들을 위해 있는 힘을 다하면 안면도 삼림에서 들려오는 신의 소리를 들을 수 있고 안면도 촌민 사이에서 신의 모습을 볼 수 있다. 우리가 공손함과 조심성을 잊고 진리와 신의 은총을 다 잊어버리면 불행하게도 그 성과를 다 자기의 힘과 지혜로 돌린다. 그러면 자기의 야심과 욕심으로 무례하게 인식되어 나쁜 이미지가 퍼질 것이다. 우린 신께 이런 불미스러운 일과 거리를 두게 해달라고 기도해야 한다. 나도 임업 경영에 경험과 지혜가 없는 사람이다.

안면도 해안은 바닷가에서 멀리까지 물이 얕은 습지이고 또 조수가 오르내리는 차이가 커서 많은 목재를 운송하려면 쉬운 일이 아니다. 미림(좋은 재목감이 많이 자라고 있는 숲)과 양재를 공연히 낭비하지 않고 인간에게 유리하도록 적당하게 벌채해야 한다.

벌채한 나무가 있던 곳에 다시 나무를 심은 것은 틀린 것이 아니다. 새로운 생명이 자라고 온 산을 덮었다. 나는 내가 죽은 뒤 원래의 미림과 같은 나무가 자랄 수 있게 양재를 만들고서 인간에게 제공할 수 있기를 바란다.

번역 : 김월배

강제징용과
아소 가문의 전범기업

1933년에 이미 마생상점(아소상점)은 탄광을 중심으로 금광, 제공소, 임업소, 온천, 농장, 병원을 가지고 있는 종합 그룹이었다. 강원도 금원군 원동광산, 그리고 안면도임업소는 마생상점이 조선에 남긴 상처다. 안면도 자원을 수탈하여 막대한 부를 축적한 것이다.

마생그룹의 발전 과정은 마생상점이 발행한 《아소상점 20년 역사》, 《아소 백 년사》, 《아소 일기 1-5》에 기록되어 있다. 하지만 방대한 분량의 서사에서 누락된 부분이 있다. 바로 조선인의 강제징용과 관련된 내용이다.

먼저 일본의 전범기업 마생상점이 조선인을 강제징용 했음을 입증하는 증언을 들어보자.

마생은 지쿠호筑豊에서의 석탄 생산을 통해 부를 축적하고 일본 중앙 정계에 진출했다. 마생의 석탄 채굴 현장에서 수많은 조선인 노동자들이 일했다.
- 출처 : 〈마생탄광에서 조선인의 강제노동麻生炭鉱での朝鮮人強制労

働)＞(http://www.pacohama.sakura.ne.jp/kyosei/2asou.html)

일본인이 쓴 내용을 일부 발췌하여 가감 없이 번역하여 기술했다. 일본인의 시각에서 본 마생상점의 실태인데, 객관성을 확보하기 위해 원본을 그대로 직역했음을 미리 밝혀둔다.

아소계 탄광에 끌려간 조선인의 수가 얼마나 되는지 알아보자.

일본 후생성 근로국厚生省勤労局에서 실시한 〈조선인 노무자에 관한 조사朝鮮人労務者に関する調査〉 후쿠오카현福岡県 사료 집계표에 따르면, 아소광업에는 1939년 827명, 1940년 1,235명, 1941년 2,095명, 1942년 2,126명, 1943년 1,864명, 1944년 1,804명, 1945년 67명 등 총 1만 623명이 연행되었다고 한다. 여기에 산업시멘트로 연행된 약 50명(1944년까지의 연행자 수)과 사가현의 아소구하라탄광 연행자 238명을 더하면 아소탄광은 1만 1,000명에 가까운 조선인을 연행한 것이다. 또 아소에서는 이들 연행자와 함께 1,000명이 넘는 체류 조선인이 탄광과 시멘트 채굴 일을 하고 있었다. 전국 각지에서 근로보국대의 형태로 강제 동원된 사람들 중에는 조선인도 많았다. 이 사람들을 더하면 전시하에 아소계 탄광에 동원된 조선인의 수는 1만 5,000명이 넘을 것이다.

1943년 아소광업에 연행된 조선인들의 수를 확인할 수 있는 자료도 있는데, 석탄통제회 노무부 경성사무소石炭統制会労務部京城事務所에서 실시한 〈반도인 노무자 공출상황조사半島人労務者供出状況調〉에 약 2,000명의 연행자 수가 기재되어 있다.

이 자료에 따르면 1943년 아소는 강원도에서 1,200명이 넘는 조선인을 연행했다. 후쿠오카현 협화회(協和會 : 해방 전에 재일 조선인용으로 만들어진 관제 단체)에서 실시한 〈반도인 이입 노무자동태조사半島人移入 勞務者動態調〉에서 1943년 12월 말의 상황을 보면, 아소광업의 전체 노동자 775명 중 281명이 조선인이다. 조선인의 비율은 36퍼센트 정도였다.

그러나 연행 후 도망 등으로 인해 곧바로 그 수가 감소했다. 후쿠오카현 사료인 〈노무동원계획에 따른 이입노무자 사업장별 조사표勞務動 員計画二拠ル移入勞務者事業場別調査表〉에 있는 아소에서의 조선인 동향을 보면, 1944년 1월까지 7,996명을 연행하고 그중 4,919명이 도망했으며 56명이 사망했다고 한다. 현재원은 2,906명, 그 밖에 기주既住 조선인이 785명으로 되어 있다.

이 자료에 따르면 1944년 초까지 아소로 연행된 조선인은 8,000명 정도였다. 아소에는 1년에 2,000명 정도가 연행되었으므로, 1945년 8월까지는 연행자가 1만 명을 넘어섰을 것이다.

아소는 전쟁으로 노동자가 부족한 상황에서 조선인을 더 사용하려고 현지 조사를 벌였다.

1937년 3월에 마생의 노무담당이 된 전 조선 순사 노미야마위野見 山魏 씨는 이렇게 증언했다.

아소에서는 노무대책회의가 열려 남조선으로부터 노동자를 확보하는 일이 이야기되었다. 1937년 가을에는 노무과장을 데리고 남부 농촌지대의 현지 실사를 했다. 조선총독부도 방문해 노무자의 도항 가능성을 확인했다. 실업빈곤층이 많아 연행을 자신했고, 면 순경 이용도 생각했다. 연행하면서 아소 본사의 경성출장소 주재원이 총독부에 줄을 대 가장 조건이 좋은 지역을 지정하라고 압박했다. 처음에는 경상도와 전라도에서 연행했다. 첫 번째는 300명을 군에서 부산으로 연행하여 마중 노무와 순사에게 인계했다. 모집난이 닥치자 황해도 방면으로 나가 마구잡이로 끌고 왔다. 연행하면 명단을 경찰에 넘기고 특고와 연락을 취해 검거해 사건을 막도록 했다. 특고는 주 1회 순회 연락회의를 가졌다.

1937년부터 연행을 위한 현지 조사를 실시했으며, 연행을 위해 면사무소 혹은 순사나 총독부를 이용했음을 알 수 있다.

일본도 독일과 마찬가지로 식민지 지배하에서 인간을 노예화하고 강제연행 및 강제노동을 자행했다. 그것은 엄연한 역사적 사실이며, 그 역사적 책임을 다하려는 행동이 필요하다. 그러나 일본 국내에서는 전후 60년이 경과했음에도 과거를 부인하고 그 책임이나 배상을 부정하는 움직임이 끊이지 않고 있다. 다행히 일본 내에도 이러한 움직임에 반발하는 목소리가 존재한다. 일본 사이트에 있는 글을 일부 소개한다.

모두 알고 있는가? 아소 다로 부총리는 아소광업(현 아소시멘트) 출신으로 전시 조선인과 유럽의 포로들에게 강제노동을 시키고 죽은 사람의 유골 조사조차 거부하고 있는 등 불량 정치가야! 나치한테 배울 필요 없고! 충분히 습득하고 있지!!

- 하라다 아키라(@harada_akira) 2013년 8월 1일

아니 과연 전시 중의 강제노동에 아소 다로 본인은 관계없으리라는 의견
도 당연하겠지만, (이 트윗을 한 구의원을 포함) 유권자가 심판을 내려야 할
일이다. 어느 쪽이든 사실을 밝히는 데 의미는 있다.

아소광업에서 강제노동이 이루어진 것은 확실한 것 같다.

- 공산당 스기나미구 의원의 트윗

전쟁 중의 부가 온존하다는 것에 놀라움을 느꼈다. 이것은 단지 내가 무
지할 뿐, 얼마든지 있는 이야기일지도 모른다.

- 출처 : https://interferobserver.hatenadiary.com/entry/20130804/13755
81951

위에서 살펴본 것처럼 아소에서 일하는 조선인들은 폭력적인 노무
관리 아래 열악하고 절박한 상황에 투입돼 사고를 당하는 일도 많았
다. 더욱이 전쟁 때에는 1만 명이 넘는 조선인을 연행해 폭력을 행사
하며 강제노동을 시켰다. 전쟁이 끝나자 유골이 많이 남아 있었다. 그
러나 아소는 전시하의 강제노동에 대해서도 사죄나 배상을 하려고 하
지 않는다. 연행된 사람들의 존엄성은 회복되지 않은 상태이며, 피해
자들 입장에서 보면 아직도 전쟁은 끝나지 않았다.

마생상점은 1872년에 시작된 아소 다키치의 치쿠젠광산개발로 시

작되었다. 아소탄광은 태평양전쟁 당시엔 중요한 전시 산업구로 지정되어 헌병이 배치되었다가 전후인 1969년에 폐광되었다. 태평양전쟁 당시 노동환경은 매우 열악하여 문제가 되기도 했는데, 주로 미쓰비시 계열사에서 일한 조선인 탄광노동자, 피차별 부락민이 많이 동원되었다.

일제의 착취는 인적자원의 수탈에서 극에 달한다. 1937년 중일전쟁이 시작되어 침략의 무대가 확대되고, 장기간 전쟁으로 일본에서 징발할 수 있는 인력이 부족해지자 일제는 대한의 청년을 전선으로 끌어내고, 산업전선으로 남녀의 노동력을 징발했다.

근로보국대라는 이름으로 노동력을 착취하기 시작한 일제는, 태평양전쟁이 발발한 후 징용령을 실시하여 막대한 노동력을 공장, 광산, 군사 기지로 끌어갔다. 이리하여 아시아 전역에서 비명에 죽고 고초를 당한 대한 동포는 수백만이나 되었다. 안면도도 그 희생에서 예외가 아니었다.

아소계 탄광은 1939년 후반부터 '모집' 형태로 연행을 시작한다. 1941년 무렵의 연행 상황을 보여주는 기록으로는 정청정 씨의《원한과 고국怨と恨と故国と》이 있다. 연행 및 노동 상황에 관한 사항을 요약하면 다음과 같다.

정청정 씨의 증언

1924년생으로 경북 고령군 출신인 정 씨는 1941년 2월에 아소요시쿠마탄광에 연행되었다. 일본에 가면 일자리가 생기고 생활도 편해진다는 소문이 농촌 젊은이들에게 그럴듯하게 퍼졌는데, 그것은 사람 사냥을 위한 감언이었다. 1941년 1월 28일 면사무소에 불려가고 다음 날 경찰서에 출두하라고 했다. 다음 날 경찰서에 150명 정도가 모여 점호를 받은 후, 내지로의 연행을 통보받았다. 감시를 당해서 질문을 할 수 있는 상황이 아니었다. 트럭 세 대에 나누어 타고 선 채로 대구로 옮겨졌다. 기차로 부산에 가서 부산에서 시모노세키를 거쳐 아소요시쿠마탄광으로 끌려갔다.

탄광 수용소에서 하룻밤을 자고 병원에서 신체검사를 받았다. 조선어로 이름을 읽고 일본어로 또 읽으며 일본어로 읽는 성을 외우게 되었다. 2월 5일부터 일을 시켰다. 노무계가 앞뒤로 따라붙었고 곧바로 갱도로 향했다. 갱도 안은 악취가 나고 더웠다. 도시락 반찬은 단무지 세 조각, 물통은 하나뿐. 중노동에 못 이겨 지하에서 솟아오르는 거품 같은 물을 마셨다. 하루쯤 쉬고 싶다는 말을 꺼냈다가는 결국 반죽음을 당하기 때문에 휴가를 달라고 하는 사람은 없었다. 도망을 기도하다 잡힌 자는 눈앞에서 반죽음을 당했다. 정 씨는 동료 둘과 함께 1941년 8월경 도망가 백성문 함바에 들어가는데, 그곳에서는 갱부들이 번호로 불렸다(《원한과 고국》 58쪽, 69쪽).

정 씨의 기록은 당시 조선인 노동자들이 감언이 흘러나오는 가운데 경찰서에 출두해 질문조차 할 수 없는 분위기에서 연행되었으며, 연행 현장에서는 형편없는 식사와 폭력으로 노동을 강요당했음을 여실히 보여준다.

황학성 씨의 증언

경북 영천 출신으로 1926년에 도일해 있던 황학성 씨가 아카사카 탄광에 간 것은 1928년, 17세 때였다.

아카사카의 조선인 기숙사는 1,300명을 수용할 수 있는 규모였다. 조선인 직할 기숙사가 만들어졌고 제2, 제3 직할 기숙사도 만들어졌다. 제2 직할 기숙사는 갱구 근처에 생겼다. 2층짜리 유리창 초소를 만들고 파수꾼을 두었다. 기숙사는 출입도 마음대로 할 수 없고 면회도 할 수 없었다. 한마디로 교도소보다 못했다. 주위는 판자벽으로 둘러싸인 데다가 철사가 나와 있어 뛰어넘을 수 없게 되어 있었다. 대문이 있고 노무 초소가 있었다. 기숙사생들은 도망 방지를 위해 모두 민소매 옷을 입어야 했다. 저녁에는 기숙사를 돌아다니며 머릿수를 살폈다. 나오카타, 오리오, 하라다 등의 역에는 감시 업무를 전담하는 노무계를 두었다. 아카사카탄광 노무사무소에는 유치장 같은 감옥 방이 있었다. 쉬는 날 조선인을 모아 이유 없이 때려눕히는 노무자도 있었다. 갱내에서도 두들겨 맞는 등 조선인에게 탄광은 지옥이었다.

연행된 사람들은 판자벽 수용소에 갇혀 감시를 당했고 때로는 케이블 선으로 구타를 당하기도 했다. 전쟁이 격화되며 더 많은 석탄이 필요해지자 노동자들은 더욱 혹사당했고, 폭력으로 노동을 강제하기도 했다.

황 씨에 따르면 한 달에 한 번 대량 출탄이 요구되어 업무가 끝날 때까지 갱 밖으로 나갈 수 없었다. 갱내는 가스가 많아 열기가 세서 가스 가마솥에서 일하는 것 같았다. 머리가 멍한 채로 배고픔과 피로와 졸음 속에서 일해야 했다.

숙소는 헛간이고 교대제로 취침했다. 매일 밤 입갱을 독촉하여 2교대로 일했는데, 새벽 5시에 입갱하여 밤 10시가 되어서야 갱에서 나오는 날도 드물지 않았다. 갱구에서 600미터를 인차人車로 가서, 거기서부터 막다른 곳까지 걸었다. 조선인들이 위험한 곳을 맡았다. 저임금에 통제가 많았고 식사도 위생도 나빴다. 헛간의 두령은 임금의 3할 정도를 떼어먹었다. 산업재해 제도가 있었지만 조선인에게는 적용되지 않았다. 헛간에서는 독신 갱부가 죽어도 고향에 알리지 않는 일이 많았다. 유족에게 조위금이나 보상금을 주기가 아까워 아리랑 취락 아래 무연고 묘역에 묻어두고 모른 체했다. 1934년 가스 폭발 시에는 생존자가 있는데도 밀폐했기 때문에 조선인들이 입갱을 거부했다.

장손명 씨의 증언

장손명 씨는 아카사카탄광에서 1934년부터 일했다.

중일전쟁이 시작되자 석탄 증산 명령이 떨어져 노동자들의 휴가를 인정하지 않고 소나 말처럼 부려먹었다. 도망치거나 땡땡이 친 갱부는 교대 시에 담벽 앞에 정좌시킨 후 폭행을 가했다. 팔굽혀펴기를 시키고 청죽으로 두드리기도 했는데, 청죽의 갈라진 끝이 살을 파고들었다. 목검과 벨트로 두드리면 물집을 일으켜 내출혈이 잦았다. 움직일 수 없는 동포를 위해 자기 밥과 반찬을 먹였다는 이유로 노무에게 언어맞기도 했다. 죽을 정도의 중상도 본인의 부주의로 치부해버렸고

린치로 죽였어도 채탄 중의 사고사로 처리했다. 즉사한 사람을 며칠 뒤 갱외에서 죽은 것으로 조작해 돈을 아꼈다. 1944년에는 곡괭이 끝에 배를 맞아 고통 받는 조선인을 의사가 치료하지 않아 4일 만에 사망했는데, 순직 처리를 하지 않기도 했다. 장손명 씨도 산재를 당해 허리뼈가 부러졌지만 치료를 충분히 받을 수 없었다고 한다.

이처럼 아카사카탄광에서는 증산 태세에서 혹사와 청죽·목검·벨트 등으로 두들겨 패는 폭력적인 강제 노역이 자행되었으며, 조선인 노동자들은 부상을 당하고도 충분히 치료를 받지 못했다. 또한 조선인 노동자는 '감옥방', '돼지우리'라고 부른 헛간에 갇혀 지하에서 하루 16~17시간 동안 일하면서도 20엔도 안 되는 월급을 받았다.

문유열 씨의 증언

1942년이 되면 연행은 관 알선 형태로 이루어진다. 이 시기의 연행 상황을 보여주는 증언이 있다. 1942년 말에 아카사카탄광에 연행된 문유열 씨의 증언이다.

문 씨는 1916년생으로 전남 영암군 출신이다. 결혼한 지 얼마 안 된 1942년 말, 순경과 면 서기들이 맨발로 침입해 연행되었는데 같은 면에서 34명이 연행되었다. 연행되어 가던 중 문 씨는 순천에서 규슈의 탄광에 간다는 소식을 들었다. 여수에 도착하자 연행된 사람이 총 160명쯤 되었는데, 감시인이 손에 목검을 들고 모든 사람을 해안 창고에 넣어 가두고 밖에서 자물쇠를 채웠다. 그 후 군복을 입은 남자에게 본인 여부를 조회받은 뒤 신체검사를 받았다. 그런 다음 규슈 아소

탄광에 가서 1년만 일하면 귀국할 수 있다는 말을 들었다.

1943년 새해 첫날 하카타에 도착하자, 헌병들의 감시하에 나카마쇼 노무 및 협화회 간부가 조선인들을 하카타역에서 하라다를 경유하여 아카사카탄광으로 데리고 갔다. 수용된 기숙사는 막사와 같은 건물이었으며 높이 3미터의 판자담, 철조망이 있었다. 기숙사 중앙에는 통유리로 된 감시탑이 있었다. 건물 한 채에 방이 다섯 칸이었고, 다다미 넉 장 반이 깔린 한 방에 다섯 명씩 들어갔다. 기숙사 입구는 하나였으며 노무소 초소가 있었다.

아침 5시에 일어나 광장에서 점호를 받았다. 미야기 요배(황궁의 방향을 향해 정중히 경례하는 것)를 하고, 〈기미가요〉를 부르고, 〈황국신민서사〉(일제가 교학教學 진작과 국민정신 함양이라는 명목으로 조선인들에게 암송을 강요한 맹세)를 암송한 후 6시에 입갱했다. 오전 6시부터 밤 9시까지 15시간 노동이었다. "이제부터 적의 토치카를 공격하겠다. 돌격해!"라며 갱구로 내몰았다. 식사는 콩깻묵과 보리를 섞은 것이 많았다. 노무는 맘에 들지 않는 조선인 노동자를 본보기로 삼아 죽도록 때렸다. 임금은 강제로 저금되었고, 조선으로 송금해준다고 약속했지만 송금액은 처음에 보낸 200엔이 전부였다. 노무에게 항의하자 왜 조선에 문의했느냐고 오히려 목검으로 얻어맞았다.

문 씨는 인근 함정으로 도주해 다시 샘물탄광으로 갔다. 그러나 그곳은 노무에게 맞아 죽는 조선인이 많았다. 감나무에 밧줄로 양발을 묶어 거꾸로 매달아놓고 때리기도 하고, 입이나 엉덩이에 물을 넣고 쇠막대로 때리기도 했다.

문 씨는 집에 침입한 면 순경과 서기들에게 끌려가 감금됐다가 곧바로 연행됐다. 아카사카의 수용기숙사는 판자벽, 철조망, 감시탑이 딸린 시설이었다. 이처럼 문씨는 전쟁터 같은 노동 현장에서 폭력과 인권 유린 속에서 노동을 강요당했다. 문씨의 증언은 당시 연행이 어떻게 이루어졌는지, 노동 현장이 얼마나 폭력적이고 강제적이었는지를 생생히 보여준다.

아소 특유의 '폭제적 폭압'은 마생의 '착취 지옥'을 지탱하는 수단이었다. 1932년에 조선인 노동자들이 총파업을 벌일 당시 일본석탄광부조합이 발행한 《아소 죄악사》에 따르면 아소계 탄광에서는 사고 부상자의 구제 포기, 폭력을 이용한 강요나 보복, 부상자에 대한 급부 중단 등이 다반사로 행해졌다고 한다.

이론 역사학자 하타 이쿠히코秦郁彦는 《일본의 전쟁범죄》에서 아소 가문의 강제성을 폭로하고 있다. 그에 따르면, 1932년 7월 25일에 조선인에 의한 노동쟁의가 일어났는데, 이것은 규슈 전체에 퍼질 만큼 대규모 노동쟁의였다고 한다.

조선인 노동자들은 장시간 노동에 비해 낮은 임금을 받았고, 주거 환경과 식사가 열악했으며, 일상다반사가 된 폭력에 시달렸다. 게다가 조선인 노무자에겐 휴일이 없었고 임금도 일본인에 비해 절반 이하이거나 무급일 경우가 많았다.

하지만 탄광 측은 경찰과 폭력단원, 고등계 형사들을 동원하여 쟁의를 진압하고 9월 3일에 191명을 해고하면서 사태를 종료시켰다.

2008년 12월 18일에 민주당 참의원의 요구로 후생노동성이 보관하던 문서가 공개되면서 아소광산에는 외국인 포로(영국인, 네덜란드인, 호주인) 300명이 1945년 5월 10일부터 8월 15일까지 노역에 동원되어 호주인 포로 2명이 사망한 것이 밝혀졌다.

2009년 4월에 전시 탄광에서 강제노역에 동원된 전직 호주군 병사 3명이 당시 아소 다로 일본 수상에게 사죄와 보상을 요구했지만 관철되지 않았다.

돌아오지 않은 조선인 유골

아소탄광에 근로보국대원으로 동원되기도 한 간온지觀音寺 주지 고가 히로노부는 다음과 같이 증언했다.

> 처음에는 순직자의 유골을 고향에 보냈지만 제해권을 빼앗기자 유해 송환은 멈춰 절에 맡기게 됐다. 절에 유골이 쌓이면 면사무소에 편지를 보내 여비를 낼 테니 유골을 찾으러 오라고 했다. 유해를 받고도 연락선이 나오지 않아 탄광에서 일하는 경우도 있었다.
> 탄광 주변에는 조선인 무연고 무덤이 무수히 있다. 탄광은 석탄 한 덩어리는 총탄이라며 화장용 석탄을 아껴 쓰지 않고 노무는 탄광부지 안에 구멍을 파서 묻었다. 알고 있는 것은 전후 발굴해 동료가 가져갔다.
> 절은 탄광 노무정책의 일환이었다. 탄광 자체 화장장을 갖고 화장허가증 없이 화장할 수 있었다. 석탄 상자에 5, 6구를 담은 것도 있었다. 아소계의 저임금은 유명하고, 그로 인해 전시 이익을 올렸다. 노예공장과 같았

고 조선인은 전시의 소모품에 불과했다. 치쿠호에는 인수자가 없는 조선인의 유골이 무수히 있다. 그것은 전쟁이 아직 끝나지 않았다는 증거로 강제 연행한 정부와 탄광자본의 책임이 다하지 않았음을 보여준다. "아소 가문은 무수한 유골의 목소리를 들어주기 바란다"라고 문유열 씨는 말했다.

아카사카탄광의 아리랑 취락 바로 아래에 있는 묘지의 보타實唾가 놓인 묘광은 조선인의 무덤이다. 동포가 죽었을 때 구덩이를 파러 갔는데 괭이를 넣으면 뼈가 나왔다. 순직하고도 탄광에서 장례식을 하는 걸 본 적은 없다. 명예로운 전사라고 하면서 마을의 향리에게 알리지 않는 일도 있었다. 동향 친구가 낙반사했을 때는 동생에게 편지로 알렸다. 탄광은 아카사카의 무연고 묘지에 묻었다고 했다. 그 장소는 몰랐지만, 찾아서 파냈다. 노무는 누가 알렸느냐고 검열을 강화했다. 알고 있는 것만으로 기숙사생 30명이 죽었다고 했다. (林えいだい, 《消された朝鮮人強制連行の記録》, 1989, 413~414쪽).

아카사카의 청원 순경이었던 마쓰토 요키치 씨는 다음과 같이 증언했다.

사망자가 나와도 탄광은 석탄이 아깝다며 화장하지 않고 무연고 묘지에 구덩이를 파고 묻었다. 많은 탄부들이 익숙하지 않은 노동으로 목숨을 잃었다. 조선식 흑무덤이 많이 생겨났다. 노무관리인이 임의로 처분해 알리지 않았기 때문이다. (林えいだい, 《消された朝鮮人強制連行の記録》, 1989,

안면도에 역사를 묻다

403쪽)

요시쿠마탄광 가까이에 있는 간코지観光寺의 전 주지 나카무라 요
시모토는 다음과 같이 증언했다.

전쟁 직후 150여 명의 조선인 갱부의 유골이 있었다. 폐산할 때 노무자가
와서 유골을 두고 갔다. 공양탑 내에는 조선인 관련 100여 명의 유골이
있다. 요시쿠마의 노무자는 큰 몽둥이를 들고 조선인을 때려죽였다. 때
려야 일을 한다며 한두 명 때려죽여도 괜찮다면서 때릴 때마다 "조선 정
벌이다!"라고 외치며 목검으로 조선인을 때렸다.

나카무라는 조선인 기숙사 자리에 작은 토파土坡를 세워 공양했다
한다.

이러한 증언을 보면, 당초에는 유골을 고향에 보냈으나 제해권을
빼앗기자 송환을 멈췄음을 알 수 있다. 또한 노무자가 멋대로 유골을
처분하고 고향에 연락하지 않는 일도 있었음을 알 수 있다. 그리하여
탄광 주변에는 무연고 묘가 많이 생겼다.

지쿠호에 아소그룹이 조선인 희생자를 위해 세운 추모비는 없다.
타가와시에 있는 미다테 묘역은 1934년에 가동 개시한 마생시멘트
공장에서 세운 곳이다. 묘지 입구에서 일본인 이름이 적힌 무덤을 한
참 지나 조금 안쪽으로 가면 비석이 보인다. 기이하게도 이 비에는 누
구의 무덤인지가 적혀 있지 않다. 묘지 주변을 둘러봐도 아무런 설명

이 없다. 비석 아래에는 납골당으로 보이는 구조물만 있다.

전술한 대로, 1946년 연합군총사령부(GHQ) 지시에 따라 일본 후생성이 작성한 〈조선인 노동자에 관한 조사 결과〉에 따르면, 1939년에서 1945년 사이에 아소탄광에 끌려온 조선인 노동자가 1만 623명에 달했다고 한다. 천인공노할 일이다. 전범기업 아소그룹이다.

진실을 통해
기록으로 되살려낼 그날까지

역사의 기억을 정확하게 계승하고 그 역사적 책임을 다해나가야만 평화롭고 우호적인 미래를 전망할 수 있다. 그러려면 강제노동자에 대한 '기억'을 잊지 않고, '책임'을 명확히 물어 배상 기금과 사과를 받아내야 한다.

1936년부터 1941년까지 아카사카탄광 주재소에 근무하면서 1940년에 연행된 조선인의 수령을 감시한 청원 순경 요키치 씨는 다음과 같이 말한다.

탄광은 현 당국에 청원해 탄광 전용 순경을 배치했다. 그 일은 노동운동을 억누르는 것과 조선인 단속이었고 탄광자본의 파수견이었다. 탄광은 조선 북부의 공업지대에 석탄선을 보내고 돌아오는 빈 배에 조선인을 태우고 돌아와 헛간에 넣었다. 탄광에게 조선인은 소모품이었다. 1940년에 부산에 수령을 감시하러 갔다. 그것을 은전출장이라고 했다. 마생의 경성사무소에는 모집계 3명이 상주해 연중 모집 활동을 벌이고 있었다. 사흘을 기다리는 동안 부산에 150명이 모여 현지 모집책 3명, 아소 본사의

5명, 청원 순경 3명 등 총 11명이 경계했다. 부산에서 하카다로 보내 열차에 태워 이즈카로 연행했다.

이 증언을 보면 아소와 경찰이 조선인 노동자를 계획적으로 연행했으며 연행한 조선인을 소모품으로 취급했음을 알 수 있다.

"나를 지나는 사람은 비탄의 도시로, 나를 지나는 사람은 영원한 고통으로, 나를 지나는 사람은 망자에 이른다." 단테의 《신곡》〈지옥의 문〉에 나오는 구절이다.

대동아 공영권을 외치던 일본 제국주의의 망령이 이웃 나라 사람들을 견딜 수 없는 고통 속으로 몰아넣었다. 그것을 보여주는 가장 적나라한 사태는 안면도의 젊은이들을 전쟁터로 끌고 가 죽음에 이르도록 강제한 것이다. 일본의 규슈 모지항으로, 이즈카탄광으로, 사할린 화태도로 끌려가서 돌아가신 분도 있지만, 현재 생사 여부를 알지 못하는 안면도 분들도 있다. 또한 만주의 군대로 참전했던 분들도 있다.

아직도 유골을 발굴하지 못한 수많은 안면도인들이 일본의 탄광에서, 히로시마 피폭 현장에서, 동토의 만주벌판에서 지옥을 경험했을 것이다.

진실은 묻히지 않는다. 우리는 진실을 기록해 아픔과 상처를 보듬고 지옥의 문으로 들어가셨던 안면도 분들을 역사에서 다시 살아 나오게 해야 한다.

2020년 오늘도 아소 가문에서는 망언을 서슴지 않고 있다. 다로 부총리는 "한국 측이 압류 중인 (일본) 민간 기업 자산의 현금화를 실행하면, 이쪽으로서는 한국과의 무역을 재검토하거나 금융 제재에 착수하는 등 방법은 여러 가지가 있다"고 했다. 한일 갈등의 핵심 현안인 일제 강제징용 문제가 여전히 현재 진행형이다. 그 중심에 안면도 소나무 수탈의 주범 아소 가문이 있다.

강제 동원된 안면인들

국가기록원의 〈일제강점기 피해자 명부〉를 보면, 일본에 강제 동원된 안면도 출신은 68명이다. 조선의 종성, 대만, 북해도, 일본, 만주를 넘어 심지어 남양군도의 미크로네시아로 끌려간 분도 있었다. 그리고 일본제철에 끌려가신 분들도 등재되어 있다.

그중 안면면 고남리 372번지에 살던 금촌철진(개명, 김철진일 듯)은 일본 북해도로 강제징용을 갔다. 사진과 수당 지급 명부가 현재 발견되었다.

또한 금광갑중(인명, 1920년생, 안면면 정당리 90번지)은 남양(미크로네시아) 마래파견부 수용소본소 제1분견소로 동원되었다. 문서 명부는 〈임시군인 군속계 충청남도 (10)〉으로 되어 있는데, 그 기록이 1,000페이지가 넘는다.

특히 촌정정웅(인명, 1918년생, 안면면 중장리 62)은 남양비도(미크로네시아) 제14방면 군제35군 제30사단으로 동원되어 현지에서 사망한 것으로 나온다.

안면도인이 머나먼 이역 땅으로 강제 동원되어 노역에 시달린 현실을 고스란히 확인할 수 있다. 일제강점기 강제 동원이 기록으로 확인된 것이다. 안면도인의 일제 강제 동원도 재조명하고 체계적으로 정리하고 평가할 필요가 있다.

　일제는 1938년 〈국가총동원법〉을 제정하여 국가 총동원 체제로 개편하고 1939년부터 1945년까지 '강제 모집', '관 주도', 징용, 근로보국대, 근로정신대 등 다양한 방식으로 조선인을 강제 동원했다. 2004년 〈일제 강점하 강제동원피해진상규명특별법〉 제정을 위한 국회청원 자료에 따르면, 조선 국내 지역은 물론 일본, 중국, 러시아, 남양군도 등에 총 787만 9,708명이 동원되었다.

안면도의 악연,
아소 저택을 찾아가다

탄광 갱목을 위한 소나무 벌목, 그 후 1940년부터 집중적으로 이루어진 소나무 송진 채취 등 마생상점의 수탈이 안면도에 깊은 상처를 남겼다. 또한 마생상점은 강제징용으로 조선인 노동자들에게 고통을 안겨준 전범기업이다. 마생상점을 이끌어온 가문은 2020년 현재 일본 우익의 중심인 아소 다로 부총리 겸 재무상의 가문이다.

아소 가문의 본가는 후쿠오카 이즈카에 있다. 이즈카는 지쿠호 지방의 최대 도시다. 규슈 전체로 보아도 후쿠오카에서 네 번째로 큰 도시다. 아소 가문은 이즈카의 영주 가문으로 영향력이 대단히 크다.

아소 가문의 당주인 다로는 1979년 중의원에 당선된 이래 지금까지 열 번 연속 선거에서 당선되었다. 그가 총리로 있던 시기에는 길에서 아소 일가의 가옥을 구경하고 사진을 찍으면 경찰이 달려가 이유를 묻곤 했다. 재력과 지역 연고를 기반으로 한 다로의 영향력은 이즈카에서 절대적이다.

이즈카 시장 선거에 입후보하려는 사람은 우선 그의 승낙부터 받아야 한다고 말하기도 한다. 아소 가문, 아니 아소그룹이 누리고 있는 부귀영화의 바탕에는 안면도 소나무 자원을 수탈하고 안면인들의 고혈을 짜서 이룬 부가 있다. 더 나아가 조선인 강제징용을 통해 축적한 부가 있다. 그런 가문의 후손이 다시 일본의 위정자가 되어 과거의 역사를 부정하고 있다.

아소 가문의 집은 2015년 세계문화유산에 근대문화 건축으로 등록된 고대광실이다. 산 하나 전체를 아소 가문의 집이 차지하고 있다. 가까이 가니 관리인이 청소를 핑계 대며 앞을 막았다. 산은 사유지로 입산 금지 간판이 서 있었다.

나는 사흘간에 걸쳐 아소 가문을 조사했다. 주로 이즈카 마생 본가, 이즈카 자료관, 규슈대학 중앙도서관을 방문했다. 마생시멘트에도 방문했으나 들어갈 수 없었다.

진실은 가려질 수 없다. 나는 안면도의 후손으로 미래 세대를 위해 진실을 알려야 할 책임이 있다고 생각했고, 그 책임을 다하려고 추가 조사 차 여기에 왔다.

내 고향 안면도에서 제국주의 수탈을 자행한 아소 가문이 한 도시에서 절대적인 영향력을 행사할 뿐만 아니라 나아가 일본 우익의 중심이라는 사실에 눈물이 왈칵 치밀어 올랐다.

우리는 아소상점을 기억해야 한다.

우리가 기억하는 만큼 그들에게 말할 수 있다.

아소 가문과 얽힌 안면도의 눈물과 역사를 드러내야 한다는 무거운 책임을 느낀다.

현재에도 안면도에 생존해 계신, 간몬해협과 모지에서 강제징용으

아소 저택 담벼락

로 청춘을 바치신 분들을 위해서 용기를 내본다. 판단은 훗날 역사가
들이 할 일이다.

강제징용의 현장
군함도

　나가사키의 아침은 청명했다. 군함도는 나가사키에서 18킬로미터 떨어져 있다.

　인터넷 예약을 확인받고 군함도 크루즈 선사에서 서약서를 작성했다. 파도가 높으면 상륙할 수 없으니 그에 대해 동의를 받는 내용이었다. 1인당 3,600엔을 지불하고 명패를 받았다.

　하시마섬은 모양이 군함을 닮아 군함도라 불렸다. 한국에서는 〈군함도〉라는 영화도 개봉되었지만, 오늘 군함도를 찾는 한국인은 거의 없다. 19세기 후반 미쓰비시 그룹이 이 섬을 사들여 탄광 사업으로 큰 수익을 올렸으나 1974년에 폐광되었고, 현재는 무인도로 남아 있다.

　8시 50분에 승선했는데 총 40여 명의 관람객 중 한국인은 네 명뿐이었다.

　9시 10분에 나가사키항을 출발했다. 미쓰비시조선소를 지나니 나가사키항의 모습이 선명히 들어왔다.

　10여 분 후, 기독교인들이 집단으로 거주하는 지역이 오른쪽에 나타났다. 노벨문학상 후보로 여러 번 거명된 앤도 슈사쿠遠藤周作의 기

독교 탄압을 다룬 소설《침묵沈默》에 나오듯이 "나가사키는 이렇게 슬 픈데, 주여 바다는 이렇게 파랗습니다.(人間はこのように悲しいが 海があま りにも碧いです)"라고 비석에 나가사키의 바다를 묘사했다.

배는 어느덧 도고시마 탄광자료관에 당도했다. 군함도에서 배로 5 분 정도 떨어진 도고시마는 미쓰비시광업소의 본사가 있던 곳이라 과 거의 영화를 사진으로 보여주었다.

익숙한 모습의 군함을 닮은 섬, 군함도가 나타나자 관광객 모두 일 제히 카메라를 들이댔다. 섬 전체가 마치 시멘트로 벽이 쳐진 큰 건물 을 연상케 했다.

군함도에 상륙한 후 세 곳에서 가이드가 일본의 근대문화와 산업 발전에 공헌한 건축물이자 최초 아파트 집단 시설로서 도쿄 아파트에 영향을 미쳤다고 열심히 설명했다. 일본의 근대화에 영향을 미친 순 기능만 설명할 뿐 그 뒤에 가려진 조선인의 슬픔은 단 한마디도 언급 하지 않았다. 강제로 끌려와 바닷속 1,000미터 갱도에서 검은 눈물을 흘렸을 조선인 700여 명의 슬픔은 그들의 뇌릿속에 없는 듯했다.

지금은 아무도 살지 않는 무인도. 낡고 오래된 콘크리트 아파트 건 물 잔해와 등대의 모습만 남은 이곳이 수많은 강제징용자들이 감옥처 럼 지내던 곳이라고 생각하니 갑자기 마음 한편이 스산해졌다. 을씨 년스러운 까마귀 울음소리가 억울하게 죽어간 사람들의 원성인 듯 서 럽게 들리고 건물 잔해가 암울한 모습으로 되비쳤다.

군함도에서 나온 뒤 발걸음을 재촉했다. 안면도 수탈의 주범 아소 가문의 본가를 가려고 서둘렀다. 일본의 군국주의가 극에 달한 시기

군함도

에 내 고향 안면도에서 제국주의 수탈에 앞장선 수괴의 본거지를 보고 싶었기 때문이다.

일본 후쿠오카 이즈카시에 왔다. 여기에도 마생의 흔적이 도처에 있다.

아소시멘트, 아소 대형 슈퍼, 아소병원, 아소골프장, 아소 교육시설 등이다. 중소 도시 이즈카를 아소 가문이 완전히 장악한 듯한 모습이다.

쓸쓸한 마음으로 이즈카시를 둘러보던 중 반가운 건물이 눈에 들어왔다. 재일 후쿠오카 이즈카 한인회관이었다. 그러나 애석하게도 한인회관의 간판이 오래된 듯 글자가 중간중간 떨어져 있었다. 한편에 자

안면도에 역사를 묻다

리 잡은 무궁화가 그나마 위안을 주었다.

절대 잊어서는 안 되는 기억

안면도 자연휴양림을 옆으로 두고 천천히 조개산 정상으로 샛길을 올라가면 100여 년은 된 듯한 아름드리 소나무 곳곳에 시멘트가 덕지덕지 발라진 모습을 자주 볼 수 있다. 어떤 아름드리 소나무는 하단부에 칼로 가로세로 베어진 상처가 있다. 마생상점이 저지른 수탈의 증거다. 마생상점이 이 조개산에 이르는 일대의 소나무 10만여 그루의 껍질을 벗기고 송진을 채취했다. 안면고등학교에서 승언리 저수지로 넘어가는 곳에서도 상처 입은 아름드리 소나무를 자주 볼 수 있다. 바로 1940년 이후 일본에서 항공유로 쓰기 위해 송지(소나무 기름)를 수탈해 간 현장이다.

《천혜의 땅 안면도》 53쪽을 보면, 안면읍 승언리 감나무골에 거주하시는 함한순 할머니께서 이곳이 일제강점기에 소나무 기름을 채취한 곳이라고 증언하고 있다.

1940년부터 1945년까지 대략 10만 그루의 소나무(피해 면적은 약 30제곱킬로미터)가 피해를 당했다. 하루에 한 사람당 600그루씩 배당하여 송지를 채취했다. 한 그루당 2~3일 간격으로 소나무 강제징용을 시행한 것이다. 징용 면제라는 이름으로 안면도 젊은이들을 유혹하고 동원하여 송지를 채취하게 했다. 일제는 채취한 소나무 기름을 군산에 있는 군수공장으로 보내 항공유(비행기 기름)로 제조했다. 즉 신의 부름을 받았다고 미화한 가미가제 특공대의 전투기에 넣는 기름으로

소나무 수탈의 증거

사용한 것이다.

　안면도 소나무에 새겨진 이 가슴 아픈 상처는 안면도를 비롯해 우리나라 국토 도처가 일본 제국주의에 철저히 유린되었음을 보여주는 명확한 증거다.

7. 안면도 10미

게국지를
아시나요?

안면도에 들어서면 가장 많이 보이는 간판 중 하나가 게국지(께꾹지) 식당의 간판이다. 한국어 사전을 보면 게국지는 게장의 간장과 갖은양념으로 버무린 배추에 청둥호박과 꽃게를 잘라 넣어 담근 김치 국물을 약간 붓고 끓여서 먹는 음식이라고 소개하고 있다.

서산시의 역사와 문화유산을 비롯하여 정치, 경제, 사회의 변화 발전상 등에 관한 정보를 제공하는 사이트인 '디지털서산문화대전'에서는 "절인 배추와 무, 무청 등에 게장 국물이나 젓갈 국물을 넣어 만든 음식이며, 게국지는 충청남도 서산의 일부 지역에서만 전해 내려오는 음식이다"라고 소개하고 있다.

게국지는 겟국지, 갯국지, 깨꾹지 등 다양한 명칭으로 불리는데, '게장 국물(겟국), 또는 바다에서 나오는 해산물의 국물(갯국)을 넣어 만든 김치'라는 뜻으로 보인다. 가난에 허덕이던 과거에는 김장하고 남은 시래기조차 버리지 않고 염장해두었다가 겨울 반찬으로 이용했다. 춘궁기 시절 변변한 반찬이 없던 서해안에서는 쉽게 잡히는 칠게나 농게를 잡아 간장을 부어 게장을 담가놓았다가 보리밥 반찬으로 애용

게국지

했다. 일종의 간장게장이었는데, 꽃게는 비쌌기에 가장 흔한 칠게와 농게를 잡아 간장게장을 만들었다. 돌이켜보면 그때 껍질째 먹던 게들은 키토산을 듬뿍 함유한 건강식품이었던 것이다.

안면도를 비롯한 서해 지역에서 가장 흔한 반찬이던 게국지는 김장철 배추 겉대나 무청을 게장 국물에 버무려 담았다. 영양이 풍부한 식품이었고 어릴 때 입에 길들여진 맛의 향수를 잊지 못하는 사람들에게 지금도 인기를 끌고 있다.

서해안의 갯벌과 인접한 지역의 서민들은 오래 두고 먹을 수 있는 젓갈처럼 다양한 염장식품을 만들어냈다. 게장이 대표적인 염장식품인데, 그 국물로 만든 게국지는 자칫 겨울철에 부족하기 쉬운 단백질이나 무기질 섭취를 돕는 음식이었다.

지금도 안면도 하면 꽃게로 유명하지만 1960~1970년대에는 "개도 100원짜리 지전을 물고 다닌다"고 할 정도로 가을만 되면 대하나 꽃게를 잡는 배가 만선이었다. 그물을 재활용하던 시절이라 그물 크기에 따라 1,000원, 2,000원, 3,000원짜리 해산물을 그물째로 넘겨주고 나면 잡고기로 남는 장대나 우럭 등이 그물에서 고기를 따는 여자들의 부수입이었다. 잡고기들은 식사 때마다 귀한 반찬으로 올라왔고 때론 말려서 도시락 반찬으로 요긴하게 쓰였다.

당시 안면도 사람들에게 꽃게는 그대로 돈이었기에 잡는 족족 팔려나가서 옛날의 게국지에는 비싼 꽃게 대신 갯벌에서 쉽게 잡히는 칠게나 황발이, 박하지를 넣었다. 그것들을 게장으로 담가 먹고 그 국물을 부어서 게국지를 만든 것이다. 갯벌에 나가 쉽게 잡을 수 있는 농게나 칠게는 연해서 그대로 먹을 수 있었다. 먹거리가 없을 때는 보리밥에 게국지를 굶지 않고 먹는 것도 복이었다. 현재는 게국지에 꽃게가 많이 들어가는데, 옛날 어머니 손맛에 길들여진 내 입에는 게장 국물로 버무려 담던 게국지가 훨씬 그립다.

우럭젓국

우럭젓국은 타 지방에서는 찾아볼 수 없는 특별한 요리다. 우럭은 머리, 입, 눈이 모두 크고 몸이 둥글며 비늘은 잘고 등이 검은데 등에는 진한 갈색 줄이 그어져 있다. 까나리와 새우, 게 등을 잡아먹는데, 그 때문인지 우럭도 맛이 아주 진하다. 주로 연안의 돌 틈에서 살기 때문에 갯바위 낚시꾼들에게 가장 인기가 많은 어종이다. 특히 낚시를 할 때는 얼마나 힘이 센지 손맛을 느끼기에는 최고라고 한다.

안면도 동쪽에 위치한 천수만은 서해안 일원에서 가장 이름난 황금 어장이다. 광활한 갯벌에서 나는 풍부한 해산물은 고기잡이로 삶을 영위하던 어민들에게는 그야말로 생명 줄이었다. 과거에는 조수 간만의 차를 이용하여 근해에 어살을 놓아 숭어, 농어, 도미, 장어, 민어, 우럭, 도다리 등을 주로 잡았다.

정약전의 《자산어보慈山魚譜》에서는 우럭을 검어(黔漁, 금처귀)라 했다. 우럭은 안면도 어디에서나 지천으로 나는 생선이다. 우럭(조피볼락)은 예부터 임금님의 수라상에 올렸던 어류로, 활어 회나 매운탕으로도 인기가 있고 남녀노소 누구나 선호하는 생선이다.

우럭젓국

　바닷가에 사는 사람들은 예부터 해산물로 된 여러 가지 음식을 다채로운 방법으로 맛깔스럽게 조리하여 입맛을 풍성하게 돋워주었다. 안면도의 대표 향토 음식 중에서 나는 우럭젓국을 가장 좋아한다. 요리 방법은 다양하지만 쌀뜨물에 담갔다가 밥을 뜸 들일 때 밥솥에 넣어 끓인 우럭젓국을 가장 좋아한다. 지금도 어머님이 우럭젓국을 끓이던 모습이 선명하게 떠오른다. 하지만 아쉽게도 지금은 그 맛을 느낄 수 없다. 왜냐하면 가마솥에 밥을 하지도 않고, 또 나무를 때서 밥을 하지도 않기 때문이다.

　안면도 사람들은 우럭을 잡아 배를 가르고 내장을 꺼낸 후 소금을 쳐서 파리가 꼬이지 못하게 높은 장대에 꿰어 널어놓는다. 하루 이틀이면 우럭은 꼬들꼬들 말라 씹는 촉감이 가장 맛있게 변한다. 잘 마른 우럭은 항상 먹어도 질리지 않는, 으뜸가는 진미였다.

내가 자랄 때는 전기도 없고 연탄도 없을 때라서 모든 연료는 땔감이었다. 밥이나 음식을 끓일 때는 아궁이에 나무를 때었다. 겨울엔 군불을 때서 방을 덥혀야 했는데, 생솔가지를 집어넣으면 연기도 많이 나고 쉽게 불이 붙지 않기 때문에 마른 관솔을 같이 넣어야 했다. 이윽고 생솔가지에 불이 붙어 화력이 세지면 가마솥 뚜껑 틈으로 밥물이 넘친다. 바로 이때 어머니는 미리 준비한 우럭젓국 뚝배기를 가마솥 안에 넣는다. 그러면 뜸 들이는 밥 불에 익어가는 우럭에 젓국이 간간하게 배어든다.

어릴 때 꽁꽁 언 논에서 썰매를 타다가 벙어리장갑을 낀 손을 호호 불며 집에 들어가면 어머님이 뜨끈한 우럭젓국 한 수저를 입에 넣어주곤 했다. 한겨울의 추위가 사르르 녹는 것 같던 그 따스함이 그립다.

바다의 우유,
굴

굴은 석화石花·모려牡蠣·여합蠣蛤 등으로도 불린다. 안면도에서 가장 가까운 간월도와 천수만의 굴은 임금님의 입맛도 사로잡았다. 연육교와 천수만이 만나는 곳 창기리 7구 승정골 인근에 치지 지역이 있다. 현재는 절골 양식장이 있는 곳인데, 이곳은 옛날부터 굴 생산지로 유명했다. 현재는 갯벌 전부가 굴 밭이다.

예전에는 갯벌에 나가 조새로 굴을 찍었지만 이제는 갯벌에서 굴을 껍질째 채취해서 경운기로 실어 와 비닐하우스에서 굴을 깐다. 플라스틱 망에 가득 담긴 굴을 경운기로 실어 와 굵은 바닷물 호스로 펄을 씻어낸 다음 비닐하우스에 마련된 작업장에서 전문적으로 굴을 깐다. 굴을 생산하는 방법도 진화한 셈이다.

절골 굴 양식장 인근은 조수의 물살이 세고 조수 간만의 차가 커서 이곳에서 생산한 굴은 다른 지방에서 나는 굴보다 작고 탱글탱글하다.

오랫동안 굴을 채취해온 안면도 갯벌에는 굴 껍데기가 무척 많은데, 그 껍데기에 굴이 붙어 성장하면 바로 자연산 굴이 된다. 현재 안

안면도에 역사를 묻다

절골 굴 양식장

면도에서는 동네마다 어촌계에서 자연 굴 양식장을 운영하는데, 맨손 어업이라고도 하는 굴 양식은 돌을 개펄에 가지런히 넣어주고 굴 포 자를 뿌리면 된다. 안면도 굴은 가장자리에 작은 검정색의 날개가 있 어서 굴젓을 담글 때 그 날개 사이사이로 고춧가루가 잘 배어들어 맛 이 더 진하다.

안면도 사람들은 특산물인 굴을 이용하여 다양한 음식을 발달시켜 왔다. 생굴로 먹기도 하지만, 굴튀김이나 굴국, 굴밥, 굴찜, 굴구이, 굴 떡국, 어리굴젓, 굴전, 굴김칫국, 파래굴국 등 다양한 요리법을 응용해 섭취해왔다.

바다의 우유라는 영양 많은 굴을 안면도 사람들은 별미로, 구황 음 식으로 애용했다. 나처럼 안면도 출신들은 어릴 적 어머님이 해주시던 음식을 잊지 못하는데, 제철인 겨울에 먹던 굴 물회가 특히 그립다.

굴에 소금을 조금 넣어 손으로 조물조물하다가 찬물로 휘휘 둘러 주면 굴에 붙어 있던 개흙이 깨끗이 씻겨 나간다. 그런 다음 비린내를 살짝 제거하기 위해 미림을 조금 넣고 재워놓았다가 생수를 넣고, 다시 다도 좀 넣고, 다진 마늘도 넣는다. 설탕과 고춧가루를 넣은 다음 파를 송송 썰어 넣고 식초와 깨소금을 적당히 넣어 냉장고에서 한두 시간 동안 숙성시킨다. 그 후에 먹는 굴 물회는 새콤, 달콤, 매콤한 맛인데, 상상만 해도 어느새 입 안에 군침이 돈다.

안면도에 역사를 묻다

대하

매년 9월이면 안면도 백사장에서 대하 축제가 열린다. 이때는 대하 축제를 즐기러 몰려오는 관광객들로 안면도 초입부터 교통체증이 무척 심하다. 곳곳에 대하 축제 현수막이 걸려 있어 국내 최대의 대하 축제장이라는 걸 실감할 수 있다.

대하는 일본에서 온 말인데 일본에서는 새우를 '하蝦'라고 쓴다. 여기에 한자 큰대 자를 붙여 대하라 부르는 것이다.

보리새웃과의 하나인 대하는 왕새우를 말한다. 서유구의《난호어목지》(1820)에는 "빛깔이 붉고 길이가 한 자 남짓한 것을 대하라고 하는데 회로도 좋고, 국으로도 좋고, 그대로 말려서 안주로도 좋다"고 나와 있다. 요즘은 대하의 감칠맛을 그대로 살린 소금구이가 단연 인기다. 은박지를 얹은 석쇠에 소금을 깔고 구워서 먹는 소금구이는 신선한 바다 향을 그대로 간직하고 있어서 싱싱한 새우의 향을 듬뿍 느낄 수 있다.

대하는 깊은 바다에 사는데 산란기가 되면 연안으로 이동한다. 서해나 남해에서 많이 나는데, 살이 많아 통통한 것들은 대부분 자연산

백사장항 대하

보다 양식이 많다. 치어에서 어미가 되는 기간은 약 1년 정도로, 대부분 산란을 하고 나면 죽는다.

독특한 향이 입맛을 돋우는 새우는 타우린을 많이 함유하고 있어서 눈에 좋다. 또한 단백질도 많고 저지방으로 당질도 거의 없어서 다이어트 식품으로 좋다.

비타민류도 다양하게 들어 있는데 B_2, B_6, B_{12} 등 비타민 B군이 많다. 흔히 동맥경화를 유발하는 LDL 콜레스테롤이 많이 들었다고 걱정하지만, 몸에 좋은 HDL 콜레스테롤도 많으니 안심해도 된다. 그러나 퓨린 성분이 많아서 통풍 환자들은 요산 수치가 올라가므로 주의해야 한다.

갑오징어 회

봄철에 입맛을 당기는 갑오징어는 안면도 전역에서 잡힌다. 갑오징어는 단백질이 많은 건강식품으로, 두툼한 살이 쫄깃하고 담백하다. 신선한 상태에서 회로 쳐서 먹는 것이 일반적이다. 갑오징어는 손질이 가장 중요하다. 우선 몸통의 등뼈를 제거하고 눈과 내장 등을 잘 손질한다. 이때 먹물이 터지지 않도록 주의하여 떼어낸다. 물에 살짝 데쳐서 초고추장에 찍어 먹는 갑오징어는 식감이 최고다.

《자산어보》에서는 "《남월지南越志》에서 이르기를 그 성질이 까마귀를 즐겨 먹어서 매일 물 위에 떠 있다가 날아가던 까마귀가 이것을 보고 죽은 줄 알고 쪼면 곧 그 까마귀를 감아 잡아 물속에 들어가 먹으므로 오적烏賊이라 이름 지었는데 까마귀를 해치는 도적이라는 뜻이다"라고 했다.

《전어지》에도 오적어烏賊魚라고 소개되어 있는데, 특히 "배 속의 피와 쓸개가 새까맣기가 먹과 같으며 사람이나 큰 고기를 보면 먹을 갑자기 사방 여러 자까지 내뿜어서 스스로 몸을 흐리게 하므로 일명 흑어라고 한다. 풍파를 만나면 수염으로 닻줄처럼 닻돌을 내리기 때문

갑오징어 회

에 남어라고도 한다"라는 설명도 있다.

또한《전어지》에서는 오징어 잡는 방법을 소개했는데 "어부들은 동 銅으로 오징어 모양을 만들고 그 수염은 모두 갈고리로 하면 진짜 오 징어가 이것을 보고 스스로 와서 갈고리에 걸린다. 오징어는 사람을 보면 먹을 사방 여러 자까지 토하여 그 몸을 흐리게 하는데 사람은 도 리어 이로써 오징어를 잡는다"라고 했다. 집어등을 켜고 오징어를 잡 는 오늘날과 별반 다를 바 없다.

어릴 때 넘어져 피가 나거나 상처가 생기면 부모님이 오징어 뼈를 갈아 상처에 발라주곤 했다.《동의보감》에서 "오징어 뼈는 성이 미온 微溫하고 맛이 짜고 독이 없으며 부인의 누혈漏血, 귀가 먹어 들리지 않 는 데, 눈의 열루熱淚를 다스리며, 또 혈붕血崩을 고치고 충심통蟲心痛을 없앤다. 뼈는 두께가 3~4푼이 되고 작은 배와 비슷하며 가볍고 약하고 희다. 물에 삶아서 쓰는데 삶아서 누렇게 되면 껍질을 벗겨버리고 보드랍게 갈아서 물이 날아가게 하고 햇볕에 말려서 쓴다. 살은 성이 평平하고 맛이 시며 주로 익기益氣·강지强志하는 데 좋고 월경月經을 통하게 하고 오래 먹으면 정精을 더하게 하여 자식을 낳게 한다. 배 속의 먹은 혈자심통血刺心痛에 쓰는데 초에 섞어 갈아서 쓴다"고 한 것을 보면 우리네 부모님도 이런 지식을 아시고 지혈제로 쓰신 것 같다.

이렇듯 갑오징어는 회도 맛있지만 생활에 쓰임이 많은 유익한 생선이다.

농게

안면도 여름 밥상에 빠지지 않던 반찬이 농게로 담은 간장게장이
다. 간장에 담근 농게를 보리밥에 얹어 먹으면 다른 반찬이 필요 없
다. 농게는 각질이 부드럽고 맛이 독특해서 농게 하나로 여름을 난다
는 말이 있다. 《자산어보》에서는 속명에 따라 꽃게[花蟹]라 하고 "크기
는 갈게와 같고 등이 높아 바구니와 비슷하고, 왼쪽 집게다리는 특별
하게 크고 붉으며, 오른쪽 집게다리는 아주 작고 검으며, 몸 전체가 여
러 빛깔이 섞여서 알록달록하게 빛나 마치 대모玳瑁와 같다. 소금기가
있는 진흙 속에 있다"라고 했다.

농게를 잡을 때는 잘 다져진 갯펄에 수직으로 구멍을 파기 때문에
한쪽 팔을 어깨까지 집어넣어 잡아야 한다. 그래서 노약자나 어린애
들은 쉽게 잡을 수 없다.

《물명고》에서는 "'옹검擁劍'을 한 집게다리는 크고 한 집게다리는
작다"고 했다. 《전어지》에서는 "옹검을 한 집게다리는 작은데 늘 큰 집
게다리로 싸우고 작은 집게다리로 먹으며 걸보라고도 한다"고 나와
있다.

농게

농게는 붉은색 집게다리로 구멍을 파내어 집을 만드는데, '황발이'
라고도 불린다. 따뜻한 날 갯벌에 나와 붉은색 왕발을 흔드는 농게
무리를 보면 마치 갯벌 위에서 군무를 펼치는 것처럼 보인다. 붉은색
왕발을 가진 농게가 수컷인데 수컷끼리 싸움을 할 때면 긴장감마저
돈다.

농게를 잡아 항아리에 넣고 간장을 부었다가 며칠 후 간장만 따라
끓인 다음 식혀서 다시 부으면 이틀이면 먹을 수 있다. 안면도 어느
집에서든 볼 수 있던 농게간장은 보리밥과 어우러져 훌륭한 맛을 연
출했는데, 이제는 농게도 작아지고 잡는 사람들도 없어 그리운 맛이
되었다.

박대묵

박대묵은 박대의 껍질로 쑨 묵을 말한다. 박대는 '서대'라고도 한다. 옛 문헌에 따르면 한자어로는 '설어舌魚'로 쓰였다고 한다. 박대의 생김새가 혀를 닮은 탓이다. 박대는 주로 서해안 진흙 벌에서 서식한다. 지금은 어획량이 줄어 더욱 귀한 어종이 되었다.

박대는 잔가시가 적어 먹기도 좋고 맛도 좋아 한번 먹어본 사람은 다시 찾는 생선이다. 비늘이 유난히 많아 찌개를 하거나 구워 먹을 때 반드시 껍질을 벗겨야 한다. 벗겨낸 껍질을 바람이 잘 통하는 곳에서 1년 이상 말렸다가 방망이로 두들겨 비늘을 털어내고 고아서 묵을 만들었다. 잘 만든 박대묵은 '우무'와 구별하기 어려울 정도로 투명하며, 양념을 해서 밑반찬이나 야식으로 먹었는데, 맛이 담백하고 시원한 게 특징이다. 생선 껍질에 있는 콜라겐을 이용한 음식으로 질감이 야들야들하면서 쫀득하고 개운하다. 겨울에도 박대묵은 시원한 맛을 선사한다. 말린 박대는 찜으로 요리해서 먹어도 맛있다.

박대는 참서댓과 어류 중에서 가장 크다. 눈은 가자미와 비슷한데 왼쪽으로 모여 있다. 강물과 바닷물이 만나는 곳에 사는 박대에게 안

널어놓은 박대

면도는 가장 안성맞춤인 서식지다. 하지만 아쉽게도 서산 간척지 사업으로 박대 생산량이 해마다 줄어들고 있다.

청각

청각은 문자 그대로 '청색 뿔'이라는 뜻이다. 청각을 먹는 나라는 우리나라를 비롯한 동남아 몇 개국뿐이다. 청각은 연안의 바위나 어패류 껍질에 붙어서 자라는데, 수심이 비교적 깊은 곳에서 자란다.

정약전의 《자선어보》에서는 김치 맛을 돋우는 해초로 소개하고 있으며, 《본초강목》, 《동의보감》, 《식성본초》, 《식료본초》 등의 고서에 기록이 있는 것으로 보아 오래전부터 청각을 먹어온 듯하다.

안면도에서는 동치미를 담글 때 꼭 청각을 넣었는데, 오돌오돌 씹히는 질감이 독특하다. 청각에는 섬유질과 항균 작용을 하는 물질이 들어 있다. 구충약으로도 썼고, 혈액이 응고되는 것을 막는 활성물질도 들어 있어서 의학적으로도 유용한 해초다. 면역력을 끌어올릴 뿐만 아니라 항암 작용도 있다 하니 여러 가지로 응용하면 좋을 해초다. 청각에는 칼슘, 필수아미노산, 헤모글로빈과 미오글로빈 성분도 들어 있다고 한다. 특히 혈압을 내리는 작용을 하는 유효 성분이 미역 등 갈조류보다 더 많이 들어 있다.

어릴 때 어른들이 청각을 손질하는 것을 볼 때마다 이상한 것을 왜

청각

넣는지 궁금했는데 젓갈이나 생선 비린내, 마늘 냄새를 중화시켜 개운한 맛을 내는 데 도움을 주고 김치의 군내도 없애고 세균이 증식하지 못하게 항균 작용도 한다니 신비롭다. 시원한 동치미는 모름지기 아삭아삭해야 하는데 그런 작용을 청각이 했다고 하니 새삼 조상들의 지혜가 놀랍다.

《자산어보》에는 '해송海松'으로 기록되어 있는데, '바닷속에 사는 소나무'라는 뜻이다. 어떤 자료에는 '사슴뿔을 닮은 해초'라고도 나온다. 검푸른 빛깔의 매끄러운 해초인 청각은 여름에 채취한 것이 좋다. 청각 끝에 붙어 있는 작은 돌들을 털어내고 물에 깨끗이 씻은 다음, 먹기 좋게 자르고, 마늘 다진 것, 고춧가루, 식초, 설탕, 청양고추, 깨소금을 넣고 조물조물 무쳐서 먹는다. 새콤, 달콤, 매콤한 한여름의 별미로 더위를 피하는 음식 중에서 으뜸이다.

요즘도 가끔 일식집에 가면 청각무침을 내놓는 곳이 있는데 이렇듯 귀한 음식이니 앞으로 많이 먹어야겠다.

소라젓

소라는 어패류 중에서도 고급으로 치는 종류로, 삶아서 먹기도 하고 구이로 먹기도 한다. 소라의 종류는 뿔소라, 참소라, 게소라, 납작소라, 백소라 등이 있는데 안면도에서 많이 나는 소라는 참소라다. 맛은 대체로 비슷하다.

소라는 껍질을 깨고 소라 살을 발라서 소금에 절인 다음 갖은양념을 하여 즉석으로 무쳐 먹기도 하고 초무침을 하기도 하는데 맛이 가히 일품이다. 또 염장을 해서 젓으로 담근 소라는 숙성시킨 다음 물에 염기를 뺀 후에 다시 양념해서 먹는데 오래 두고 먹어도 좋다.

소라젓은 식감이 독특하고 맛이 향긋하다. 소라는 전복처럼 고급 해초를 먹고 자라기 때문에 해초 성분이 내장에 쌓여 발효가 되어 독특한 맛을 낸다. 양질의 해태가 풍부한 안면도는 소라가 증식하기에 천혜의 조건을 갖춘 곳이다. 소라젓에는 타우린산과 비타민 A가 풍부하여 여성의 피부 건강에도 아주 좋다. 소라 껍데기는 예부터 나전칠기를 만드는 주요 재료로 사용되었다.

《자산어보》에는 해라海螺, 검성라劍城螺, 소검라小劍螺, 우각라牛角螺,

안면도 참소라

거라炬螺, 백장라白章螺, 철호라鐵戶螺 등으로 기록되어 있다.

　천수만에서 참소라를 잡아다 돌멩이로 껍질을 으깨고, 깨끗이 씻어서 항아리에 넣고 켜켜로 소금으로 간을 한다. 참소라 옆구리에 붙어 있는 푸른색 부분은 내장으로, 내장을 먹으면 배탈이 나니 반드시 떼어내야 한다. 소라를 손질할 때는 망치로 소라 껍데기를 깨어 조심스럽게 살을 발라낸 다음 미끈미끈한 액체가 다 씻겨 나갈 때까지 바득바득 주물러 씻어서 물기를 뺀 다음에 항아리에 넣어 소금을 뿌리고 공기가 들어가지 않도록 탄탄하게 밀봉한다. 그 후 반년 정도 지난 다음에 소라를 꺼내 물에 담가서 소금기를 빼고 칼로 먹기 좋게 썬 다음에 깨소금, 고춧가루, 마늘로 양념을 하여 무치면 맛있는 소라젓이 된다. 소라 살이 오독오독 씹히는 맛이 일품으로 밥도둑이 따로 없다.

해태

안면도는 동쪽의 천수만과 서쪽의 서해를 접한 리아스식해안이다. 천수만은 가오리, 가자미, 갯장어, 우럭, 숭어, 망둥이 등 물고기들의 보고였다. 돌김, 말, 우뭇가사리, 세모, 청각, 파래 등 해조류가 지천이었고, 소라, 바지락, 백합, 담치, 굴, 새조개 등 조개류 역시 참으로 다양했다. 그 외에 게, 낙지, 대하, 오징어, 주꾸미, 해삼 등이 풍부했는데 특히 해태(김)가 많이 생산되었다.

예전에는 안면도 사람들은 겨울이 되면 더 바빴다. 지금은 사라졌지만 해태 양식을 할 때라 집집마다 양식한 해태를 뜯어다 말렸기 때문이다. 해태를 바닷물로 깨끗이 씻어서 가위로 잘게 자른 다음 큰 통에 물을 채우고 해태를 넣었다. 그런 다음 네모난 해태 틀에 해태를 적당량을 떠서 발에 얇게 펴고 나무로 만든 김 건장에 못으로 고정시켜 말렸다.

어릴 때 등하굣길에 바람에 날리는 김을 주워 먹는 재미가 쏠쏠했다. 김건장 곁을 지날 때는 장난삼아 김발에서 슬쩍 뜯어먹기도 했는데 어른들은 오죽 배가 고프면 그럴까 싶어 알면서도 모른 척 눈감아

해태(김) 작업하는 모습

주기도 했다.

　보릿고개 시절에도 집안에 제사가 돌아오면 조기와 김은 꼭 제사상에 올렸는데, 그런 때나 되어야 제대로 된 해태 맛을 보곤 했다. 지금은 조미 김도 많고 옛날 방식으로 포장한 해태는 현지에나 가야 볼 수 있어 추억 속에 남은 풍경이 되었다.

참고문헌

《안면도지》, 안면도지편찬위원회, 두레패 출판사, 1990.

《천혜의 땅 안면도》, 천혜의땅안면도편찬위원회, 한솔애드텍, 2013.

〈서산 태안 부역혐의 희생사건〉, 행정안전부 과거사관련업무지원단, 전자파일, 2009.

《사진으로 본 충남 100년》, 충청남도, 나리문화사, 1999.

《태안 안면도 고남 지역의 당제와 조개 부르기》, 이필영 글, 남향 사진, 태안문화원, 한솔애드택, 2015.

《태안군지》, 태안군지편찬위원회, 2013.

"안면도 공보", 〈동아일보〉, 1927년 6월 13일.

"광영신숙의 발전", 〈매일신보〉, 1911년 11월 1일.

"광천 안면도 간 발동선 연락", 〈매일신보〉, 1912년 2월 18일.

"돈 없어 못 배우는 학생들 없었으면…", 〈태안신문〉, 2011년 8월 17일.

"한중 연합 등산대 에베레스트 등정 성공", 〈차이나 워치〉, 2003년 5월 21일.

일본 자료

《麻生鉱業罪悪史 : 吉田茂に直結する》, 日本共産党九州地方委員会教育宣伝部, 運河書房, 1949.

《株式会社麻生商店二〇年史》, 九州大学石炭研究資料センター編, 《石炭研究資料叢書》第19輯.

《麻生百年史》, 麻生商店, 創思社出版, 1975.

《麻生太吉日記》1-5, 麻生太吉日記編纂委員会 編, 2013.

〈朝鮮人労務者に関する調査〉, 厚生省勤労局調査, 福岡県分の史料.

〈半島人労務者供出状況調〉, 石炭統制会労務部京城事務所.

〈半島人移入労務者動態調〉, 労務動員計画二拠ル移入労務者事業場別調査表.

일본 외교 사료관

누리집

국사편찬위원회 조선왕조실록 / 승정원일기

국가보훈처 공훈전자사료관

독립기념관

태안군청

태안문화원

오마이뉴스

디트news24

http://www.pacohama.sakura.ne.jp/kyosei/2asou.html